Mais entre-temps,
devenus presque synonymes,
le mot Vietnam, le nom de Ho Chi Minh
ont fait le tour du monde.
D'une guerre à l'autre, la tragédie vietnamienne...

Daniel Hémery, maître de conférences honoraire de l'université Paris-VII, a enseigné l'histoire de l'Asie orientale et a dirigé le laboratoire «Les Sociétés en développement dans l'espace et dans le temps» (CNRS-Paris-VII). Ses recherches ont porté sur les mouvements sociaux et politiques du Vietnam contemporain. Il est l'auteur de *Révolutionnaires vietnamiens et pouvoir colonial en Indochine (1932-1937)* (Maspéro, 1976), et de *Indochine, la colonisation ambiguë (1858-1954)*, en collaboration avec P. Brocheux, (La Découverte, 2004).

Pour Pierre-Yves, Pascale, Jean-Philippe, Yvonne

1er dépôt légal : novembre 1990
Dépôt légal :septembre 2013
Numéro d'édition : 170450
ISBN : 978-2-07-053053-3
Imprimé en France par IME

HO CHI MINH
DE L'INDOCHINE AU VIETNAM

Daniel Hémery

DÉCOUVERTES GALLIMARD
HISTOIRE

Depuis les années 1620, le Vietnam n'a été un Etat réellement unifié que pendant moins d'un siècle... Dans la longue durée, son histoire frappe par le contraste entre la vitalité de la conscience nationale des Vietnamiens et la fragilité, la faible aptitude au changement de leurs systèmes politiques. Contradiction historique qui culmine après 1850, préparant le terrain à leur mise en dépendance coloniale. Au Vietnam, le rêve de l'Etat national moderne n'a cessé de hanter jusqu'à aujourd'hui débats et combats.

CHAPITRE PREMIER

LE VIETNAM EN PERDITION

Depuis la cité-capitale de Hué (ci-contre), l'empereur gouverne et maintient l'ordre du monde avec l'aide des mandarins (à gauche, le gouverneur de Hanoi en 1885).

Après les dynasties relativement durables de la période médiévale (les Ly, les Tran, les Lê), l'Etat impérial n'a plus, en fait, fonctionné à partir de la fin du XVIIe siècle que sur le mode de la division entre les deux «seigneuries» territoriales des puissantes familles des Trinh au nord et des Nguyen au sud. Il faut attendre le grand soulèvement des Tay Son en 1776 puis la dynastie des Nguyen (1802) pour que le pouvoir impérial retrouve sa puissance et le pays viet son unité territoriale.

L'histoire vietnamienne? Une lutte incessante pour l'existence nationale

A l'origine de cette difficulté à être, bien des facteurs : les tensions internes d'une civilisation paysanne dynamique mais périodiquement confrontée au déséquilibre agro-démographique; l'agitation paysanne récurrente contre la fiscalité impériale ou contre l'oligarchie villageoise; et surtout la confrontation, permanente depuis deux millénaires, des Vietnamiens avec la Chine, «empire-monde» aux capacités d'expansion et aux ressources inépuisables. Pour le Vietnam, une telle proximité n'a pu que se vivre dangereusement, au mieux dans la dépendance, matérialisée jadis par le tribut qu'il verse à la Cour chinoise. Une Chine forte et unifiée limite ou met en question son statut indépendant, comme sous les Han

Vers 1890, il n'y a sans doute pas plus d'une dizaine de millions de Vietnamiens contre environ 400 millions de Chinois. L'Etat viet n'a résisté à l'attraction de la civilisation universelle du Nord qu'en développant un vigoureux sentiment national. Les grandes insurrections patriotiques jalonnent l'histoire du pays. Tradition qu'incarne le soulèvement des deux sœurs Trung Trac et Trung Nhi contre l'occupation chinoise en 40 (illustration de gauche). Proclamées reines de Me Linh, vaincues en 43, elle se jettent dans le Fleuve Rouge plutôt que de capituler.

qui l'ont annexé de 111 av. J.-C. jusqu'en 939, et a toujours affecté de considérer le souverain vietnamien comme une sorte d'officier général des marches du Sud, le prince d'Annam (le «Sud pacifié»). A plusieurs reprises dans le passé, les armées chinoises ont envahi le pays.

Le paradoxe est que cette situation géohistorique particulièrement défavorable a fait des Vietnamiens une communauté nationale irréductible à toute assimilation, culturellement autonome grâce à la mise au point précoce d'une écriture spécifique de la langue (le *nôm*), et qui a très tôt compensé le risque de sinisation par le Nam Tien, l'expansion en direction des deltas rizicoles du Sud, au détriment des civilisations en perte de vitesse des Cham et des Khmers. Le défrichement, la conquête militaire, «la politique de grignotage des vers à soie», selon le mot d'un mandarin du XIXe siècle, ont ainsi permis la lente absorption entre 1650 et 1850 de l'espace sous-peuplé qui sépare Hué du Bas-Mékong.

Surtout, une triple structure nationale, remarquablement cohérente, a assuré la permanence

A la fois modèle et adversaire, l'Empire chinois a inspiré le schéma d'organisation de l'Etat et de la bureaucratie des fonctionnaires recrutés à partir des concours littéraires. La classe des mandarins (en haut, à gauche, un haut fonctionnaire en costume de cérémonie) et des lettrés partage avec son homologue chinoise les valeurs confucéennes. Ci-dessus, deux scènes de concours, militaire à gauche (le candidat est monté sur l'éléphant) et littéraire à droite (les candidats composent dans le camp des lettrés, en présence du jury).

du Vietnam jusqu'au XIXe siècle (on dit aussi à l'époque le Dai Nam) : l'Etat bureaucratique construit sur le modèle confucéen autour de la fonction impériale, détentrice du «mandat céleste»; la famille et le village, conservatoires d'une civilisation paysanne vécue par chaque Vietnamien comme un rapport d'enracinement et d'identification, comme un attachement total aux forces du sol et aux ancêtres, et d'un patriotisme paysan périodiquement mobilisé par les fondateurs de dynasties; la classe des lettrés enfin, élite de la société rurale, vivier, par le mécanisme des concours littéraires, de la bureaucratie mandarinale. La cohérence de sa société, lettrée et paysanne pour l'essentiel, a fait le Vietnam. Que l'Etat royal faiblisse, et l'initiative sociale prenait le relais...

L'armée impériale, forte de quelques dizaines de milliers de soldats, fournis par les villages, groupés en «bannières», commandées par des mandarins militaires, associe l'art de la guerre chinois à un armement souvent désuet.

Des structures nationales qui ont aussi joué comme autant de facteurs d'immobilisme

Elles ont en effet maintenu le pays, peut-être plus qu'aucun autre en Asie, à l'écart des flux mondiaux de l'innovation, malgré les possibilités de contact qu'offrait l'étirement de sa façade côtière sur près de 2000 kilomètres. La nécessaire vietnamisation du modèle chinois a eu pour résultat de mobiliser presque entièrement les élites du Dai Nam confucéen sur la maîtrise de la culture savante chinoise, de sa symbolique et de son ritualisme, de les amener à vouloir «faire mieux» que le modèle. Elle a engendré un traditionalisme étouffant. Lorsque la poussée des impérialismes européens en Asie place les Etats extrême-orientaux devant le dilemme de la réforme modernisatrice ou de la disparition, au Vietnam, l'élite lettrée, à part quelques esprits

lucides mais isolés, frappe par son conservatisme. La relation entre l'Etat confucéen et la paysannerie avait été dans le passé le support de l'existence nationale. Confronté à l'Occident, elle se transforme en facteur de déclin. Le Dai Nam vers 1860 : la nation contre le progrès... Dangereux immobilisme qui s'avère mortel lorsque la Cour de Hué se trouve entraînée après 1840 dans le déclin de l'Empire chinois. Confrontée vers 1860 aux grands capitalismes européens, l'anglais et le français, l'élite confucéenne sous-estime leur puissance. Tout en ayant conscience de la nécessité d'une certaine modernisation, elle ne sait leur opposer qu'une stratégie d'isolationnisme culturel, de résistance militaire et d'appel à l'aide chinoise.

Elle s'appuie sur un réseau de citadelles provinciales construites au XIXe siècle selon les principes européens de la fortification. Les empereurs du XIXe siècle ont cependant cherché à réformer leur système militaire. Les traités signés par Tu Duc avec la France, après 1858, prévoient une assistance française pour la modernisation du matériel et la formation des officiers. Mais en comparaison de la transformation de l'armée japonaise à l'ère Meiji, le tardif effort entrepris devait s'avérer très insuffisant pour prévenir la menace française lorsque celle-ci s'amplifiera.

La perte de la patrie

En France, l'expansion coloniale en Asie est perçue par les milieux d'affaires, par la hiérarchie catholique, par l'armée et la marine, et par les chefs du parti républicain comme l'une des réponses aux défis de la croissance économique et de la puissance politique.

Horizon de ce projet asiatique : le marché chinois. Mythique eldorado dont auront rêvé des générations d'exportateurs, et dont l'Angleterre a entrepris de s'assurer la maîtrise depuis la première guerre de l'Opium (1839-1842). Pour les Français, un seul moyen de court-circuiter l'avance anglaise le long du Yangzi : prendre le contrôle des deux grands systèmes fluviaux qui se rejoignent au cœur de l'empire du Milieu, le Mékong et le Fleuve Rouge. C'est-à-dire coloniser l'aire indochinoise. L'expansion de la France dans la péninsule débute avec les deux dernières guerres de l'Opium qu'elle livre, alliée à l'Angleterre, à l'empire des Qing de 1856 à 1860 : Saigon tombe en

La prise de Saigon par le corps de débarquement français, en février 1861, prolonge la troisième guerre de l'Opium que la France vient de livrer à l'Empire chinois. Après la prise des lignes vietnamiennes de Chi Hoa, la Cour de Hué cède la Cochinchine orientale, qu'elle essaiera en vain ensuite de récupérer.

Après avoir pris les principales villes du Tonkin avec quelques centaines d'hommes, F. Garnier est tué le 21 décembre 1873 à la porte Ouest de Hanoi (à droite).

février 1861. Par le traité du 5 juin 1862, les trois provinces orientales du sud du Dai Nam deviennent la colonie de Cochinchine, agrandie en 1866 par l'annexion des trois provinces situées plus à l'ouest. Entre-temps, le Cambodge est passé sous protectorat français en 1863.

Pourtant, avec la chute du second Empire, l'offensive française va connaître un coup d'arrêt. L'exploration du Mékong par Doudart de Lagrée et Francis Garnier (1866-1868) a certes démontré son impraticabilité et la double nécessité d'utiliser le Fleuve Rouge comme voie de pénétration en Chine et d'occuper, en conséquence, le delta du Nord.

La fin des citadelles

Prise sans résistance par les Français en 1884, la citadelle de Tuyen Quang, sur la Rivière Claire, est assiégée par l'armée chinoise et les Pavillons Noirs (24 novembre 1884-3 mars 1885). Au Tonkin, la guerre des villes est achevée en 1886. Mais le corps expéditionnaire doit livrer une guerre éprouvante à la communauté villageoise, fortement structurée, autonome derrière ses épaisses haies de bambous. Si la résistance est vaincue, son souvenir ne cessera d'inspirer le mouvement national. «Nous avons vaincu l'Indochine, constate en 1911 le général Pennequin, mais nous n'avons pas gagné les âmes. […] Nous sommes encore campés en ce pays, il y a toujours des vainqueurs et des vaincus.»

Les conquérants

Episodes célèbres de la conquête : la prise de la citadelle de Hanoi le 26 avril 1882 par le commandant Rivière, celle de Son Tay le 16 décembre 1883 par l'amiral Courbet, dont la flotte croise dans la baie d'Along (page de gauche) pour saisir le bassin houiller de Hong Gai. La conquête a rencontré une forte opposition en France et l'échec de Lang Son le 28 mars 1885 entraîne deux jours plus tard la chute du ministère Jules Ferry, suscitant une violente campagne sur le thème du «guêpier tonkinois». L'affaire du Tonkin commence.

Images discordantes de la guerre coloniale au Tonkin : d'un côté, les ballons d'observation et les tirs à mitraille de l'artillerie de campagne, la modernité de la guerre française saisie par la gravure chinoise (à gauche); de l'autre, l'intrépidité des «marsouins» (l'infanterie de marine) pendant la retraite de Langson, en mars 1885, que cherche à souligner la gravure française (en haut page de droite).

Mais le coup de main que tente F. Garnier sur Hanoi en 1873 est un échec et ne réussit qu'à susciter un puissant mouvement antiétranger et antichrétien au Vietnam. Une fois solidement assise, en 1877, la IIIe République entame une politique ouvertement impérialiste. Après la prise de Hanoi par l'expédition Rivière en avril 1882, à laquelle Pékin répond en envoyant ses troupes au Tonkin, le ministère Ferry entreprend la conquête du delta du Fleuve Rouge, fait enlever les forts de Hué, livre une guerre terrestre et navale à la Chine et impose un traité de protectorat à la Cour de Hué le 6 juin 1884. Malgré l'échec français de Langson, survenu au cours du repli des troupes chinoises, malgré la chute de Ferry, la Chine se désiste. Le traité du 4 juin 1885 fonde le compromis historique franco-chinois sur l'Indochine. Celle-ci sera française.

Le Can Vuong : paysans et lettrés résistants

Cependant, pour les responsables français, le plus dur reste à faire : vaincre les multiples soulèvements qui ont éclaté dès juillet 1885 à Hué et dans les provinces, à l'appel d'une partie des régents qui ont emmené le jeune empereur Ham Nghi dans la montagne, au camp retranché de Tan So. Alors commence la première résistance vietnamienne de l'âge contemporain : le Can Vuong («Aide au roi»). Combat certes perdu d'avance parce que privé du soutien chinois. Il va pourtant mobiliser lettrés et paysans pour la défense du roi légitime contre l'envahisseur et tenir en échec une décennie durant le pouvoir colonial et les autorités mandarinales mises en place au nom d'un nouveau souverain, Dong Khanh, intronisé en septembre 1885 par le résident général De Courcy. Dirigés par des lettrés ou par des chefs paysans, les insurgés entretiennent l'insécurité dans les deltas en s'appuyant sur des villages fortifiés – le siège de celui de Ba Dinh au Thanh Hoa, où commande Joffre, demandera deux mois –, tandis que dans les montagnes opèrent de redoutables guérillas sous la conduite de chefs remarquables comme le célèbre De Tham dans le massif du Yen The.

Résistance opiniâtre, parce qu'enracinée dans la communauté villageoise et la classe des lettrés, mais qui n'a pas eu d'autre idéal que la défense de l'ordre confucéen, de la dynastie, de l'Etat impérial, contre les Barbares occidentaux. D'où sa défaite.

Deux figures illustres de la résistance à la conquête. A cheval, Hoang Ha Tham, le De Tham, chef des maquis du Yen The au nord de Hanoi, assassiné en 1913 sur ordre français. Ci-dessous, Phan Dinh Phung, organisateur au Nghe Tinh du dernier grand foyer du Can Vuong.

Au Vietnam, il n'existe pas encore d'idéologie nationale moderne. C'est pourquoi le pouvoir colonial parvient à définir, à l'initiative notamment du gouverneur général De Lanessan (1891-1894), un compromis politique avec la dynastie, la Cour et le mandarinat, et à leur faire accepter le cadre du Protectorat. Dès lors, le rapport des forces s'infléchit peu à peu. En 1897, les autorités coloniales sont maîtresses du pays.

Naissance de l'Indochine française

Jamais, depuis près de mille ans, le Vietnam n'avait perdu son indépendance. En dix ans, la menace que le commissaire général Harmand avait lancée à la Cour le 16 août 1883 dans le but de prévenir toute résistance – «L'empire d'Annam, sa dynastie, ses princes, sa Cour auront prononcé leur condamnation. Le nom de Vietnam n'existera plus dans l'histoire» – est devenue réalité.

Sur les ruines du vieil Annam s'édifie en 1887 l'Union indochinoise, cadre territorial et étatique de la colonisation qui englobe le Vietnam, le Cambodge

Les délégués des colonies et Jules Ferry en 1892 (en haut). Ci-dessous, un jugement de rebelles à Hanoi : un fonctionnaire français, un mandarin, des gardes, des interprètes, et les prévenus sous la cangue.

et les pays du moyen Mékong, regroupés dans la résidence supérieure du Laos en 1893. Paul Doumer, gouverneur général de 1897 à 1902, en fixe les structures et les modalités de fonctionnement : l'appareil du gouvernement général, le démembrement de l'espace vietnamien en trois territoires de statut différent (deux protectorats :

Avec ses 740 000 km², l'Union indochinoise compte 12 à 13 millions d'habitants en 1886, soit près de la moitié de la population de l'Empire français.

l'Annam et le Tonkin; une colonie : la Cochinchine), la transformation de la bureaucratie mandarinale en rouage d'exécution du pouvoir étranger, l'exploitation fiscale rationnelle de la paysannerie (par les régies du sel, de l'alcool et de l'opium, etc.) au profit de budgets coloniaux largement excédentaires, la substitution de l'écriture romanisée (le quoc ngu) aux idéogrammes, l'adaptation du système des écoles aux besoins de la colonisation, en prélude à la suppression des concours littéraires. L'Etat moderne s'instaure, la mise en «valeur» coloniale, l'investissement deviennent possibles.

Vinh (ci-dessus) est le chef-lieu du Nghe An, la province natale de Ho Chi Minh.

Lettré calligraphiant un texte. Vers 1880, un homme adulte sur quatre est capable de déchiffrer plusieurs centaines de caractères chinois; il y a de 40000 à 60000 lettrés et environ 20000 détenteurs de grades littéraires. Ces grades confèrent l'exemption de l'impôt personnel et de la corvée, et permettent de postuler aux postes de fonctionnaires. Pour les lettrés, avec l'arrivée des Français, c'est «la» civilisation, autant que la nation, qui se défait. L'enseignement des sages, toutes les valeurs qui donnaient cohésion à la vision confucéenne du monde, les concepts de mandat céleste *(thien mang)*, de piété filiale *(than)*, de fidélité au roi *(nghia toi)*, les cinq relations humaines *(ngu giao)* vacillent.

Typique du Nghe An, la maison d'enfance de Ho Chi Minh, à Kim Lien. Située au fond d'un jardin clos par une haie de bambous, posée sur le sol et soutenue par une charpente ancrée sur des pierres, des claies de paille en guise de murs.

La génération des incertitudes

Crise, humiliations nationales sans précédent. Dramatiquement vécues par la classe des lettrés, socialement dévalorisée, culturellement disqualifiée. «A présent le ciel est bas, la terre est haute», dit une chanson populaire. L'ordre du monde subitement se dérègle... C'est dans ce milieu en plein désarroi moral que Ho Chi Minh aura vécu une jeunesse rien moins que facile.

Nguyen Sinh Con, le futur Ho Chi Minh, qui prendra vers sa dixième année le nom de Nguyen Tat Thanh, naît entre 1890 et 1894 au village de Hoang Tru, commune de Kim Lien, canton de Lam Thinh, dans le *huyen* («préfecture») de Nam Dan, à 14 kilomètres de Vinh, chef-lieu de la province du Nghe An. Il vit ses premières années à Kim Lien, un village comme tant d'autres, enfoui dans ses haies et ses jardins de bananiers, d'orangers, d'aréquiers, de mûriers. Rizières à perte de vue entre le Song Ca et l'échine des collines qui, plus au nord, courent parallèlement au fleuve. On est à 360 kilomètres au nord de Hué, à 1 442 de Saigon, au cœur d'une province âpre et pauvre, déjà surpeuplée. La sécheresse est fréquente, le paludisme endémique, le climat éprouvant. L'aléa agricole y est plus grave encore qu'au Tonkin. Vers 1900, la colonisation

Popote
de tirailleurs

reste peu visible : pour 860000 habitants dans la province en 1899, seulement 181 Européens, groupés à Vinh-Ben Thuy (12000 habitants) où se sont installés en 1892 les scieries et l'usine d'allumettes de la Société Forestière et Commerciale de l'Annam, six maisons de commerce, un hôtel, quelques plantations de café.

L'histoire familiale de Nguyen Tat Thanh est douloureuse. Second fils d'un fonctionnaire impérial, il est pourtant issu de l'élite mandarinale. Son père, Nguyen Sinh Huy, simple lettré de village, est reçu *cu nhan* (grade improprement traduit par «licencié») aux concours triennaux de 1894. Fonctionnaire à Hué, il réussit aux redoutables examens du palais *(thi dinh)* en mai 1901 et reçoit le titre prestigieux de *pho bang*

«Il me conta ses misères... *Cu nhan*, âgé d'une trentaine d'années en 1902, il avait été nommé *quan huyen*; il fut révoqué après les malheureuses affaires de 1908, et m'en dit toute sa rancœur; je me rappelle même qu'il ajouta : «mais je serai de nouveau mandarin un jour...»»

Récit par Bui Quang Chieu de sa rencontre, en septembre 1922 avec Nguyen Sinh Huy (photo prise par la Sûreté de Phan Thiet).

(«docteur du second degré»). La même année, la mère de Thanh meurt à Hué.

Après avoir été en fonction à l'Académie impériale, puis mandarin de district au Binh Dinh, Nguyen Sinh Huy, personnalité brillante mais brutale, est brusquement révoqué en janvier 1910, pour faute grave. A partir de 1911, il mène une vie errante en Cochinchine où il mourra en 1929. Comportement déconcertant de la part d'un mandarin, typique d'une élite dirigeante en situation d'aliénation historique. Irréparable revers pour la famille, déchirure secrète qui, peut-être, éclairent l'indomptable énergie du

futur révolutionnaire face à l'adversité.

L'adolescent de Hué

Plus que dans les rizières de Kim Lien, c'est au bord des douves de la Cité impériale, dans le quartier de Dong Ba où son père habite, que le jeune Nguyen Tat Thanh a vécu sa jeunesse. Dans une modeste aisance troublée, en dehors de l'effondrement familial de 1910, par la difficile situation que doit assumer la jeune génération des fils de mandarins et de lettrés.

Sur les rives du Fleuve des Parfums (le Song Huong), Hué, «la merveilleuse capitale». Le cœur de l'Empire bat à la confluence de la lumière, de la montagne et des eaux, dans un site romantique légèrement voilé par la brume.

Dévalorisation tout d'abord du statut social de l'élite, mutation des filières de son recrutement, inéluctable choix entre les études littéraires classiques en voie de déclin et l'entrée, très sélective, dans l'enseignement moderne en quoc ngu et en français créé par le Protectorat, qui ne débouche que sur des fonctions subalternes. Les deux fils de Nguyen Sinh Huy, qui reçurent probablement de leur père la connaissance des caractères chinois, suivirent la voie du savoir moderne. Selon les dires de Dat, l'aîné, interrogé en 1920 par la Sûreté, Nguyen Tat Thanh fut élève de l'école franco-indigène, sans doute celle de Dong Ba, et obtint le certificat d'études primaires. Tous deux purent s'inscrire au collège Quoc Hoc. Pour Thanh, le choix de ces études signifiait que la carrière mandarinale lui était définitivement fermée, mais il ne les termina pas et entreprit de travailler (en 1909?)

«Les eaux
printanières sans rides
sont enveloppées
d'une nuée délicate.
La barque avance,
pressée par le vent
du matin.
Le bruit des longues
rames emplit l'air.»

Poème de l'empereur Thieu Tri

comme *tro giao* («aide-moniteur»), au salaire mensuel de 8 piastres, à l'école Duc Thanh de Phan Thiet. Il essaya peut-être aussi de se faire admettre à l'Ecole des Mécaniciens asiatiques de Saigon, mais c'est peu probable car l'on y entrait par concours. Ho Chi Minh n'aura en fait accompli aucun cursus scolaire complet, il n'aura reçu ni la formation de l'intellectuel moderne, ni celle du lettré traditionnel, il se situera dans un «entre-deux» culturel, autodidacte de talent, prototype même de la petite intelligentsia non titrée dont le rôle sera décisif dans le mouvement révolutionnaire.

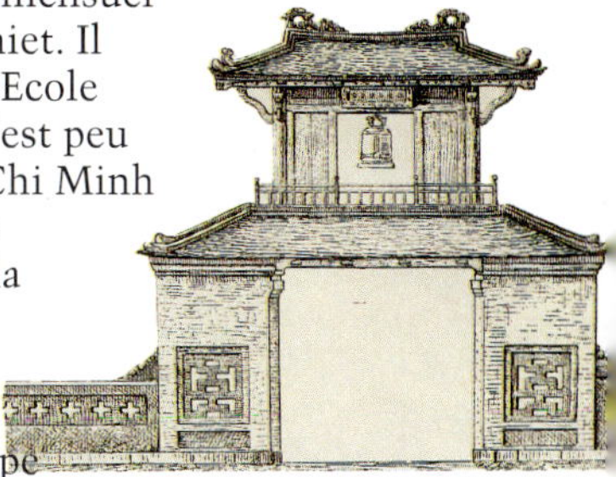

A l'aube du mouvement national

Autre expérience, à laquelle il n'a pu rester étranger, le vaste débat qui s'ouvre après 1900 dans la classe des lettrés sur la problématique historique de la nécessaire substitution à l'éthique confucéenne d'une autre vision de l'histoire, ordonnée autour de la modernisation générale de la société, de l'invention d'une nouvelle culture, de la construction d'un Etat moderne. C'est l'émergence du projet nationaliste dont deux conceptions opposées se différencient vers 1905.

Celle du «nationalisme d'Etat» mise à jour par le grand lettré patriote Phan Boi Chau (1867-1940), qui donne priorité au combat – par l'action conspiratrice

Avec la suppression des concours littéraires (1915-1919), les écoles de caractères (ci-dessous), tenues par de simples lettrés ou parfois par des mandarins retirés, vont tomber en désuétude. Le nouveau système scolaire, l'enseignement «franco-indigène», ne scolarise qu'une faible partie de la jeunesse : vers 1920, à peine 10 % de la population est capable de lire un journal. Le collège Quoc Hoc de Hué (ci-dessus son ancienne porte), créé en 1896 dans le but de compléter l'instruction de l'élite lettrée, comportait en 1905, outre un «cours des gradués» réservé aux princes et aux mandarins, deux sections destinées à former des instituteurs, des secrétaires et des employés. Les études duraient quatre ans, à raison de trente-quatre heures de cours par semaine, les programmes ayant été remodelés sur ceux de l'enseignement primaire français.

appuyée sur des soutiens étrangers – pour la construction de l'Etat national, futur instrument de la modernisation. Inlassablement sont mis sur pied de l'étranger actions armées et complots, en 1908, 1913, 1915, 1917. Tous échouent.

En même temps, se dessine une voie réformiste, celle du nationalisme démocratique, énoncée dans la «Lettre au gouverneur Paul Beau» que publie en 1906 un brillant lettré de la province du Quang Nam, Phan Chau Trinh (1872-1926). Résolument non violente, elle affirme la priorité du progrès global de la société, de la diffusion du savoir moderne sur la simple indépendance politique. La pression de l'opinion nationale sur le régime colonial, l'alliance avec la gauche française peuvent instaurer un processus continu de réformes, imposer une décolonisation graduelle. Débat étonnamment moderne qui inspire après 1905 d'innombrables initiatives en faveur de l'innovation sociale, notamment l'école Dong Kinh Nghia Thuc, sorte d'université libre fondée à Hanoi en 1907 par les réformistes, qui sert de modèle à bien d'autres écoles privées en province. Elles ont un écho populaire réel comme le montrent les manifestations

Avec l'aide du Japon, puis de la Chine du Guomingdang, Phan Boi Chau (ci-dessus) organise le Dong Du «Exode vers l'est», qui conduit plusieurs centaines de jeunes gens à Tokyo où ils reçoivent une formation militaire et politique. En 1906, il constitue le Vietnam Duy Tan Hoi (Société pour la Modernisation du Vietnam), qui diffuse secrétement une littérature patriotique et organise des complots dont le plus célèbre est, en 1908, la tentative d'empoisonnement de la garnison de Hanoi (ci-contre à droite, les tirailleurs arrêtés à cette occasion).

Pour Phan Chau Trinh (en haut à droite), il faut rompre avec le Vietnam existant, confucéen et mandarinal, répandre massivement le savoir moderne dans le peuple par la diffusion de l'écriture romanisée, mettre sur pied un réseau d'écoles paysannes pacifiques contre l'impôt qui se déroulent de mars à mai 1908 dans les provinces du Centre Annam. Durement réprimées – Phan Chau Trinh est déporté en 1908 à Poulo-Condore, il en est cependant libéré par l'action de la Ligue des droits de l'homme et gagne la France au début de 1911 –, ces initiatives d'une société civile moderne en gestation ne vont pas cesser de renaître. Dans ses deux dimensions, révolutionnaire et réformatrice, le mouvement national est né.

L'environnement familier du jeune Ho Chi Minh a été particulièrement réceptif au débat national. Dans sa province natale, le Nghe An, la mémoire patriotique est vivace, inscrite dans une infinité de lieux. Le souvenir du Can Vuong y est encore tout frais. Le père du jeune Thanh appartient à la même génération que les réformistes, il a été reçu *pho bang* dans la même promotion que Phan Chau Trinh, il a également connu Phan Boi Chau; au moment de sa révocation, il est considéré comme suspect par les autorités françaises. Thanh et son frère, élèves à Quoc Hoc, ont pu assister aux manifestations paysannes qui se sont déroulées à proximité de Hué les 9 et 12 avril 1908 : «Lors des événements de 1908, écrira en 1920 le gouverneur du Nghe An, ces deux jeunes gens

modernes et d'entreprises commerciales, faire surgir le progrès et la démocratie du sein même de la société colonisée, créer une société civile moderne. Trinh a été interné au bagne de Poulo-Condore, dans le «village des lettrés» (en haut, à gauche), de 1909 à 1911.

Nombreux sont, en Annam, les lieux qui exaltent le patriotisme, tels les vestiges, proches de Kim Lien, du Van Am Co Thanh, l'ancienne citadelle de l'«Empereur noir», le prince Mai Thuc Loan qui dirigea, en 722, une révolte contre les Chinois, ou les retranchements de Binh Ngo, élevés en 1418 par Le Loi. Traces encore fraîches du Can Vuong, des villages incendiés du Haut Song Ca, de la route de Ham Nghi, aménagée secrètement dans la montagne en 1884 par les régents pour combattre les Français. Nul doute que les souvenirs d'enfance ont éveillé Nguyen Tat Thanh à la conscience des malheurs du pays.

manifestaient ouvertement des sentiments hostiles, de sorte que le directeur de cette école dut, à différentes reprises, leur adresser de sévères observations.» Au Vietnam, du mandarinat à l'opposition, il peut n'y avoir qu'un pas.

Vers l'Europe

Nguyen Tat Thanh, quant à lui, semble avoir été plus attiré par le réformisme de Phan Chau Trinh que par la conspiration, comme le suggère son abstention dans le Dong Du, sa participation aux activités de l'école Duc Thanh que Phan Chau Trinh avait fondée lors d'un passage à Phan Thiet en 1905 et surtout sa décision de partir pour la France à l'exemple du grand lettré. On en connaît maintenant le motif exact révélé par la lettre de candidature à l'Ecole coloniale qu'il devait adresser à son arrivée à Marseille, le 15 septembre 1911, au président de la République et au ministre des Colonies.

Démarche certes naïve de la part d'un candidat qui n'appartenait pas à la clientèle sociale de la colonisation. Elle recouvre d'abord un projet d'études temporaire; Thanh écrira un peu plus tard à sa sœur «qu'il était parti de Saigon avec un Européen pour continuer ses études et qu'il rentrerait dans cinq ou six ans» et son frère précisera en 1920 qu'il s'était

Sur cette peinture très officielle du musée Ho Chi Minh de Saigon, le visage de Nguyen Tat Thanh quittant sa patrie exprime déjà la détermination de Ho Chi Minh. Bui Quang Chieu, qui en 1922 relatera sa rencontre avec Nguyen Sinh Huy, se souviendra aussi d'avoir voyagé avec son fils.

« Nguyen Ai Quoc? Je crois avoir fait la traversée avec lui en fin 1911, sur un vapeur dont j'ai oublié le nom. Il était employé du bord. Il vint à moi parce que j'avais été professeur de son père. [...] Il me dit aller en France pour la première fois à l'effet de réclamer contre la révocation récente de son père et voulait aller habiter chez le commandant Do Huu Chan, alors en service à Marseille, en qualité de domestique, pour lui demander de l'aider dans ses revendications. Je n'ai plus revu ce jeune homme. »

adressé, après le rejet de la demande de bourse de son jeune frère, à Albert Sarraut, alors gouverneur général, pour lui demander son appui. Mais elle a aussi un autre sens que résume bien le slogan à l'honneur à l'époque parmi les jeunes élèves, *xuat duong du hoc ve nha giup nuoc* («aller étudier à l'étranger et revenir aider le pays») : l'espoir qu'il peut y avoir compatibilité entre la colonisation et l'expansion du savoir moderne parmi les colonisés, le désir grandissant parmi les nouvelles générations instruites d'accéder d'une manière ou d'une autre à la science qui faisait la puissance de l'Occident, de fonder une nouvelle culture.

Le temps de trouver un emploi aux Chargeurs Réunis pour payer le prix du voyage en France, comme boy ou maître d'hôtel à bord de l'*Amiral Latouche-Tréville,* un vapeur de 6000 tonnes qui faisait la ligne Haiphong-Dunkerque, et, vers le 4 juin 1911, Thanh quittait Saigon. Patrie perdue, famille brisée, exil délibérément choisi, au seuil d'une interminable errance.

Quarante jours de navigation, un saut dans l'inconnu. En 1911, seuls quelques centaines de Vietnamiens l'ont accompli. Pour Nguyen Tat Thanh, c'est le début d'un exil de trente ans. Le rêve du jeune homme, rentrer au pays une fois maîtrisé le savoir occidental, n'aura pas de suite. Sa candidature à l'Ecole Coloniale, faute d'avoir été présentée par le Gouvernement Général, est écartée.

CHAPITRE II
«TAY DU», UN VOYAGE À L'OUEST

L'Occident, ou la mise au travail... De 1912 à l'été 1914, un navigateur nommé Ba s'active sur les cargos des lignes atlantiques, du Havre à Londres et à New York, regarde, écoute, pense. Un voyage au long cours, à la découverte d'un nouveau continent culturel.

Marseille le 15 Septembre 1911.

20 SEPT 1911

Monsieur le Président de la République.

J'ai l'honneur de solliciter de votre haute bienveillance la faveur d'être admis à suivre les cours de l'Ecole Coloniale comme interne.

Je suis actuellement employé à la Compagnie des Chargeurs Réunis (Amiral Latouche Tréville pour ma substance.

Je suis entièrement dénué de ressources et avide de m'instruire. Je désirerais devenir utile à la France vis à vis de mes compatriotes et pouvoir en même temps les faire profiter des bienfaits de l'Instruction.

Je suis originaire de la province de Nghê-an, en An-nam.

En attendant votre réponse que j'espère favorable, agréez, Monsieur le Président, l'assurance de ma reconnaissance anticipée.

Nguyên-tât-Thanh,
né à Vinh, en 1892, fils de M. Nguyên-sinh-Huy
(sous-docteur ès-lettres)
Etudiant français
quôc-ngu
caractères chinois

«Le chemin de la France est celui de l'Anti-France» *(Le Courrier de Saigon)*

Dès lors, un seul Occident reste ouvert, celui des sous-prolétaires «indigènes» de la marine de commerce et des grandes villes. Thanh choisit d'être l'un d'entre eux, de travailler pour s'instruire, comme le font les 1200 «étudiants-ouvriers» chinois qui gagnent la France dans les années 1910-1920 et dont beaucoup deviendront communistes. Il est désormais Ba (le «troisième»), anonyme parmi les anonymes, au travail sur les navires des lignes d'Afrique et d'Amérique. Choix de circonstances certes, qu'inspire aussi le désir filial d'envoyer quelque argent à son

Cette photographie montre le changement d'horizon mental de Nguyen Tat Thanh. Distance prise par rapport à sa propre culture, adoption des normes vestimentaires européennes, choix, en 1912, d'un prénom français : le regard assuré, affichant l'apparente aisance d'un élégant occidentalisé, Paul Tat Thanh flâne sur le pont Alexandre III...

père, ce qu'il fait par exemple le 31 octobre 1911 à l'escale de Saigon ou à New York, sous la signature de Paul Tat Thanh, le 15 décembre 1912. Choix du travail manuel aussi, révélateur chez ce fils de mandarin de l'abandon, caractéristique des partisans des réformes, de la tradition de mépris des lettrés aux ongles longs pour le travail productif. Là encore, l'inspiration est celle de Phan Chau Trinh, dont Thanh va être le disciple attentif pendant dix ans et qui, installé durablement en France, y travaille comme retoucheur photographe. Avec Phan Van Truong, un ancien fonctionnaire hanoien qui achève son droit et va bientôt s'inscrire au barreau de Paris, Trinh esquisse les modalités d'une présence vietnamienne au sein même du champ politique adverse, noue des contacts avec les socialistes, la Ligue des Droits de l'Homme, les francs-maçons, et fonde en 1912 la Fraternité des Compatriotes (Dong Bao Than Ai), une société pour la diffusion du savoir moderne. Thanh est l'un de ses correspondants réguliers.

Pour ce dernier, c'est la plongée dans la jungle des métropoles du capitalisme le plus avancé, New York, Londres, les ports français, la brusque révélation des multiples visages d'un étrange Occident, contradictoire et déroutant, de la généralité du fait colonial que vivent simultanément Africains, Arabes, Malgaches, de l'universalité de la condition prolétarienne, de la vigueur des nationalismes en exil, l'irlandais, l'indien, le coréen, le chinois, qui, en cette veille de Sarajevo, s'activent dans les capitales européennes. Choc aussi devant l'accumulation inouïe des richesses, des moyens matériels de la puissance.

New York, Londres où Thanh s'installe à l'été 1914, peut-être pour échapper à la mobilisation en France. En 1915, il est apprenti à l'Igranic Electric company de Bedford. Après l'Ecole Coloniale, seconde vocation manquée? Prise de conscience réussie, en revanche, de la puissance des Trade Unions anglais.

Maturation accélérée d'une conscience du monde, insatiable curiosité aussi, dont témoigne encore son séjour à Londres, de 1914 à 1919. Il semble y avoir suivi des cours du soir de mécanique et d'électricité. Outre l'acquisition de l'anglais, le fait remarquable de

Prince VINH-SAN

Ex Empereur d'Annam, Roi du Tonkin, actuellement en exil pour faits politiques à l'ile de la Réunion.

cette séquence de sa vie est bien l'imprécision de son statut social. Boy, navigateur indigène, domestique, il vit la situation des déclassés mais ne s'y enlise pas. Autodidacte avide, lecteur de journaux, à l'écoute des tentatives malheureuses des nationalistes contre le pouvoir français (le complot du jeune empereur Duy Tan en mai 1915, la révolte de la garnison de Thai Nguyen en août 1917), il est l'observateur attentif des mœurs politiques des trois plus grandes démocraties du monde, l'Angleterre, l'Amérique et la France. Mais il sait aussi choisir le non-engagement dans le conflit qui fracture l'Occident. «Le destin nous réserve des surprises, écrit-il à Phan Chau Trinh en août 1914, et il est impossible de dire qui l'emportera [...]. Dans trois ou quatre mois, le destin de l'Asie va changer, changer énormément. Tant pis pour ceux qui combattent et qui s'agitent. Nous n'avons qu'à rester tranquilles.» Un statut en marge, propice à l'observation non engagée, et d'autant plus lucide, des courants de fond qui emportent la civilisation dominante.

La guerre a déclenché une puissante migration temporaire de paysans des colonies vers la France : 900000 transportés dont 92000 Vietnamiens, les uns ouvriers dans les usines de munitions, les autres tirailleurs (ici sur le front de la Somme). L'Empire a été l'une des bases arrières de l'effort de guerre français.

L'invention de Nguyen Ai Quoc, l'entrée en politique

Tout change dans l'itinéraire du jeune homme avec la fin de la guerre, lorsqu'il rejoint à Paris en 1919 – et non pas en 1917 comme l'écrivent la plupart de ses biographes – le petit Groupe des Patriotes Annamites que Trinh et Truong ont mis sur pied en 1918. Une sorte de «commune» d'une quinzaine de membres au plus, installée au 6, villa des

Gobelins, dans le XIIIe arrondissement, chez Phan Van Truong, dont Thanh va devenir l'âme. Au moment où la Conférence de la Paix, ouverte le 18 janvier 1919, s'apprête à fonder de nouveaux Etats nationaux européens, il s'agit pour eux d'affirmer l'existence de cette nation rayée de l'Histoire qu'est le Vietnam. La conjoncture s'y prête. La guerre mondiale a été l'occasion d'une formidable migration coloniale

Cette migration massive, ajoutée aux prises de position anticoloniales du Président américain Wilson, justifie les appels qu'adressent les nationalistes à la Conférence de la Paix (ci-dessus). Les Tunisiens du Destour et les Jeunes Algériens publient à l'automne 1918 le *Manifeste du comité algéro-tunisien au Congrès de la Paix*. L'Association des travailleurs chinois en France, les Irlandais, le Congrès coréen éditent revues et brochures. L'un des premiers manifestes vietnamiens à la Conférence est celui de l'ex-empereur Duy Tan, qui avait été déposé en 1916.

Le Numéro : 20 Centimes

l'Humanité

JOURNAL SOCIALISTE

LA FORCE OUVRIÈRE S'ÉB

Pour appuyer les Cheminots, la C. G. T. déclanche la des Mineurs, des Inscrits Mari:imes et des Do

LE MOUVEMENT COMMENCERA DEMAIN

Premier mai 1920 : le spectre de la révolution sociale hante l'Europe. C'est le moment de l'entrée en politique des Patriotes annamites.

temporaire. L'écho du wilsonisme, les débats coloniaux de la Chambre, la réunion du Congrès panafricain de Paris en juillet 1919 font de la capitale française un lieu d'intervention privilégié pour les colonisés. La politique indochinoise est l'objet d'un débat prolongé, ouvert à Hanoi le 24 avril 1919 par le discours-programme d'Albert Sarraut, alors gouverneur général, dans lequel il proposait à ceux qu'il appelait les «citoyens indigènes» une «extension sensible de leurs droits politiques dans la cité indigène». L'éveil des grands nationalismes asiatiques est à l'ordre du jour.

S'inspirant de l'exemple des multiples groupes nationalistes à l'œuvre dans les coulisses de la conférence, les Patriotes Annamites publient à la mi-juin 1919 les «Revendications du peuple annamite», signées du pseudonyme collectif Nguyen Ai Quoc (Nguyen le Patriote), dont les rédacteurs sont, outre Thanh, Phan Van Truong, Phan Chau Trinh et un

A l'époque, pour la majorité du personnel politique français, la question coloniale se ramène à la mise en «valeur» de l'Empire que tente de rationaliser le plan de 1921 du ministre des Colonies Albert Sarraut (à l'extrémité droite de la table).

brillant ingénieur chimiste, Nguyen The Truyen (1898-1969), fils d'un mandarin tonkinois. Texte apparemment modéré mais qui, sous l'humilité du ton, fait preuve d'une audace doublement radicale puisque, loin de revendiquer l'assimilation à la France, il réclame rien moins que le transfert immédiat en Indochine du modèle démocratique occidental – le «régime des lois» –, dans la perspective de l'indépendance «en attendant que le principe des nationalités passe du domaine de l'idéal dans celui de la réalité par la reconnaissance effective du droit sacré pour les peuples de disposer d'eux-mêmes». C'est un scénario de décolonisation avant la lettre qui se trouve formulé : démocratie politique, puis indépendance.

Première métamorphose de Thanh, naissance de Nguyen Ai Quoc, ouverture d'une nouvelle voie, celle de la politique moderne pour le jeune nationalisme vietnamien. Les Patriotes accèdent à l'automne 1919 aux colonnes du *Populaire,* de *L'Humanité,* du *Libertaire,* des journaux de la CGT, *La Vie ouvrière* et *Le Peuple.* Ils parlent dans les réunions publiques, en organisent, songent à porter la cause des Indochinois dans la littérature anticoloniale à la manière des écrivains indonésiens ou indiens. A la fin de 1919, Nguyen Ai Quoc, conseillé par Paul Vigné d'Octon, inlassable publiciste anticolonial, travaille assidûment à la Bibliothèque nationale à la préparation d'un livre intitulé *Les Opprimés,* probable ébauche du futur *Procès de la Colonisation,* ruminant des projets de traduction d'ouvrages occidentaux – *L'Esprit des lois,* par exemple – en quoc ngu.

Sous le buste de Jaurès, à la Bourse du Travail, des militants ouvriers français tels que Nguyen Ai Quoc les a côtoyés.

“En rapports suivis à la fois avec les groupements socialistes et anarchistes français, et avec les révolutionnaires chinois, coréens, russes, irlandais etc., on les voyait [les Patriotes Annamites] prenant la parole dans les conférences socialistes et l'un d'eux, le nommé Nguyen Ai Quoc écrivait un livre, aujourd'hui terminé, dans lequel il réclamait l'indépendance de l'Indochine.”
Préfecture de police, juillet 1920

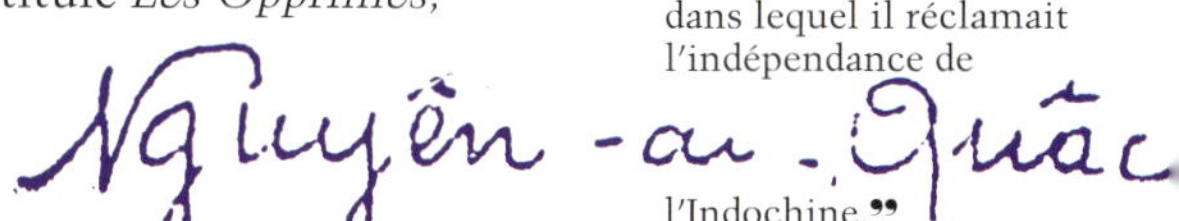

Le Congrès de Tours

Si, à la fin de 1919, Nguyen Ai Quoc est encore, comme Phan Chau Trinh, un nationaliste démocrate, il se distingue vite de son père spirituel par son activisme, son bon sens incrédule, par l'intuition qu'en dehors d'une agitation de masse égale à celle qui secouent l'Inde, l'Egypte ou la Chine, rien n'est possible. L'échec absolu des «Revendications» de 1919, l'immobilisme constitutionnel de la colonisation, la profonde désillusion des nationalistes réformistes

L'insolite prise de parole de Nguyen Ai quoc au Congrès de Tours (ci-contre). Maladroite mais irrespectueuse : «J'ai imposé en commençant la dictature du silence», lance-t-il au petit fils de Marx, Jean Longuet (que l'on voit près de Léon Blum, au centre de la photo ci-dessous).

– «Décidément, nous nous sommes trompés dans nos espérances», écrira Phan Chau Trinh en 1922 – valident en 1920 l'impatience raisonnée de Nguyen Ai Quoc. Elle le conduit en quelques mois à adhérer au Parti socialiste, la seule force politique française à faire écho, depuis Jaurès, aux protestations des colonisés. Adhésion vite militante, sous-tendue par une démarche univoque chez Thanh : affirmer l'existence nationale des colonisés. «Mon pays, déclare-t-il le 3 novembre 1920 devant le Congrès de Montluçon des Jeunesses socialistes qui va voter l'adhésion à l'Internationale communiste, n'a foi que dans les thèses de Lénine et seul le régime communiste instaurera sur tous les pays une république universelle.»

Il réussit à se faire inviter au Congrès de Tours de la SFIO comme délégué de la 13e section et d'un fantomatique Groupe socialiste indochinois. Le 27 décembre, il prend la parole pour soutenir la motion Cachin-Frossard, favorable à l'adhésion du Parti socialiste au Komintern, et combattue par

Quoc dénonce la violence faite à tout un peuple, sa déculturation par l'ignorance, l'alcool et l'opium, deux thèmes classiques du discours nationaliste. Il s'élève contre une défense purement parlementaire des colonisés dans la tradition de Jaurès, dont se réclame Longuet. Sa revendication : l'alliance entre le socialisme et les nationalismes coloniaux. Ainsi pensé, le bolchevisme est un instrument de salut national. Un cri final : «Camarades, sauvez-nous!»

AIRES DE TOUS PAYS UNIS

Léon Blum. La seule, explique-t-il aux congressistes médusés, qui implique «la promesse formelle du Parti socialiste de donner enfin aux questions coloniales l'importance qu'elles méritent».

Un communisme national

A l'origine du choix communiste de Nguyen Ai Quoc, une expérience vécue, une perception intuitive du léninisme. L'expérience : la pauvreté, la vie précaire des ouvriers. Depuis des années, comme beaucoup d'émigrés, le fils du mandarin se trouve placé dans une sorte de situation «prolétaroïde» : «La vie matérielle de Nguyen Ai Quoc est lamentable, note un indicateur en février 1920. J'ai vu de mes propres yeux qu'il n'a pour dîner et souper qu'un morceau de pain.» Après avoir été hébergé villa des Gobelins, il s'installe le 14 juillet 1921 dans une pauvre chambre du XVIIe arrondissement, au

Portrait-

Avec Nguyen The Truyen, Nguyen Ai Quoc est l'un des plus actifs rédacteurs du *Paria* (avril 1922-avril 1926). Il y écrit la plupart des articles sur l'Indochine – 21 sur 33 – s'y exerce à la caricature, le diffuse de la main à la main, en expédie patiemment 1000 à 1500 numéros outre-mer.

9 impasse Compoint, au loyer de 40 francs par mois, et vit besogneusement de travaux de retouche en photographie. Situation populiste type, qui entame l'élitisme confucéen, éveille à la conscience sociale. Précisément, le propre du bolchevisme de Lénine a été d'instaurer une équivalence entre la lutte ouvrière et le combat national des colonisés. La «révolution mondiale», ce maître mot du Komintern, Quoc l'interprète en termes de «libération nationale». «J'aimais et je respectais Lénine parce qu'il était un grand patriote qui avait libéré ses compatriotes», dira-t-il en 1960. Surprenante vision de Lénine et du léninisme, dont le projet est fondamentalement internationaliste, mais qui s'explique. Pour les colonisés, le bolchevisme est une solution de rechange aux vaines promesses du wilsonisme, il leur offre une nouvelle tribune internationale. Surtout, il n'exclut pas une approche nationale du communisme, qu'esquissent d'ailleurs en 1919-1920 les appels répétés du Komintern au soulèvement de l'Asie contre les impérialismes occidentaux et japonais.

L'Union intercoloniale et «Le Paria»

Cette démarche communiste particulière ne s'effacera jamais, elle inspire sa première activité militante. Avec une poignée d'Antillais, de Malgaches, d'Algériens et de Vietnamiens, Nguyen The Truyen notamment, tous

Gagne-pain de Quoc : la retouche photo, dans laquelle les Vietnamiens, préparés par la calligraphie des idéogrammes, excellent.

Le Procès de la colonisation française, rédigé par Quoc et par Truyen, paraîtra en 1926 après le départ de Quoc pour Moscou. Ce sera l'un des principaux textes de l'anticolonialisme français de l'époque.

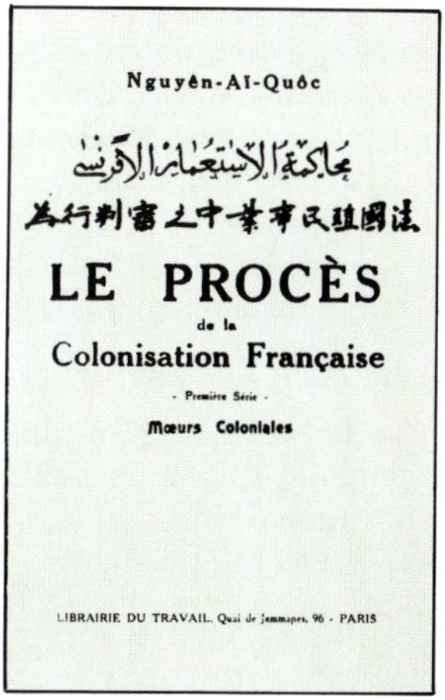
Nguyên-Ai-Quôc

محاكمة الاستعمار الافرنسي

為行判審之中業事民殖國法

LE PROCÈS
de la
Colonisation Française

- Première Série -

Mœurs Coloniales

LIBRAIRIE DU TRAVAIL. Quai de Jemmapes, 96 - PARIS

membres du Parti communiste français et de la Ligue des Droits de l'Homme, il va être, durant plus de trois ans, l'un des initiateurs de l'action coloniale naissante du Parti communiste.

Quoc participe très régulièrement à la vie du PCF, à ses deux premiers congrès (Marseille, décembre 1921, et Paris, 1922), à celle de sa section du XVIIe arrondissement. L'essentiel de son action tend à promouvoir l'engagement colonial d'un parti qui n'aura pas de politique coloniale avant 1924, à rédiger, par exemple, avec Truyen, en 1922 dans *L'Humanité* la rubrique régulière «L'Humanité aux colonies». Cette carence du Parti est le leitmotiv de ses innombrables interventions dans des réunions qu'enregistrent soigneusement les indicateurs de police qui le surveillent d'heure en heure. Mais elle a un contre-effet essentiel : elle rend possible l'autonomie politique des coloniaux. Nguyen Ai Quoc est l'un des créateurs et des principaux animateurs de l'Union intercoloniale (juillet 1921-fin 1925) qui, avec son journal *Le Paria,* sera le milieu d'incubation d'un communisme afro-asiatique spécifique, maghrébin et vietnamien principalement.

Un vieux mot d'ordre du mouvement ouvrier français, ici affiché sous la tribune du Congrès de Marseille.

« Agé en apparence de 28 ans, 1,62 m, maigre, front bombé, narines largement ouvertes, lèvres épaisses, lèvre supérieure proéminente... »
Note de police, 1920

L'appel du Komintern

A la demande de communisme national, répondent très vite les offres du Komintern. Après la déclaration Sun Yat-sen-Joffé signée à Canton le 21 janvier 1923, Moscou donne désormais priorité au soutien des nationalismes révolutionnaires d'Asie, en particulier du Guomindang qui vient de s'emparer du pouvoir à Canton. L'Internationale entreprend de constituer des groupes communistes dans les colonies et de recruter des militants coloniaux pour l'Université des Travailleurs d'Orient (KUTB) fondée en avril 1921. C'est dans cette perspective qu'à Paris Nguyen Ai Quoc et ses compagnons mettent au point en mai 1923 la publication d'un bimensuel en quoc ngu, «dans notre langue et que nos frères pourront lire», *Viet Nam Hon* («L'Ame du Vietnam»).«Allez à Moscou!», écrira *Le Paria* en juin 1924...

Un nouvel exode, vers l'Est cette fois, s'amorce, que Nguyen Ai Quoc a déjà inauguré en partant clandestinement pour l'URSS le 13 juin 1923 – départ déguisé en voyage d'agrément en Savoie – comme représentant des colonies dans la délégation française au congrès de fondation de l'Internationale Paysanne Rouge prévu pour le 12 octobre. A cette date, le chemin parcouru est considérable. En dix ans, l'adolescent est devenu adulte, le fils du mandarin s'est mué – assez tardivement cependant – en militant, Nguyen Ai Quoc, figure encore marginale du communisme européen, annonciatrice pourtant d'une possible révolution à venir.

C'est la Librairie du Travail, de Boris Souvarine, qui publiera *Le Procès de la colonisation française.*

Le contenu du *Paria*, fondamentalement pamphlétaire et iconoclaste, s'inspire de la presse anarchiste.

L'Européen dominateur s'y trouve cloué au pilori, déstabilisé, ridiculisé. Le rapport colonial s'y inverse : de civilisateur, il devient barbare et oppresseur. *Le Paria* retourne le discours de la colonisation contre elle-même.

EXPOSITION NATIONALE
COLONIALE de MARSEILLE 1922
INDOCHINE
G. CAPON

En 1923-1924, la dynamique du mouvement national connaît une brusque accélération. Un nouveau cycle historique d'une quinzaine d'années s'ouvre, au cours duquel le communisme, jusqu'alors totalement extérieur à la société vietnamienne, en devient la principale force politique. Dans cet enracinement réussi, le dynamisme organisateur de Nguyen Ai Quoc aura beaucoup compté.

CHAPITRE III

SANS PATRIE NI FRONTIÈRES

Sous l'Indochine pittoresque, rêvée par la mythologie coloniale, l'Indochine souterraine, un Vietnam troublé, dont les déchirements sont loin de se réduire aux stéréotypes de l'imaginaire officiel.

Il n'a cependant eu prise sur le réel qu'en raison de l'émergence au Vietnam d'une «demande» révolutionnaire, dont les origines sont à chercher dans l'ampleur sans précédent des perturbations que la colonisation engendre désormais dans le tissu social vietnamien.

La colonisation, de l'âge d'or à la crise

Belle époque de l'Indochine française que cette décennie 1920-1929, marquée par une brillante croissance de tous les secteurs d'un capitalisme colonial dopé par d'énormes placements de capitaux métropolitains et locaux, qu'il s'agisse des secteurs déjà anciens comme les mines tonkinoises et la riziculture cochinchinoise, ou de ceux qui naissent des rush spéculatifs de l'après-guerre comme la grande hévéaculture capitaliste sur les terres rouges des Hauts Plateaux. L'Indochine des grandes villes et des compagnies industrielles, du rail et des usines, de la Banque de l'Indochine décolle de l'autre Indochine, celle des paysans, vietnamienne en majeure partie, productrice d'impôts, gisement de coolies à salaires dérisoires, qui, au Tonkin et au Nord-Annam, s'enfonce lentement dans l'arriération technique, la sous-productivité de son agriculture, le surpeuplement, la misère de ses deltas surexploités. Au tournant des années trente, la spirale du sous-développement rural, corollaire historique du développement colonial, s'installe pour longtemps.

A la jonction des deux processus se constituent les nouveaux groupes sociaux qui, dans les années vingt, relaient lentement l'ancienne classe des lettrés et des mandarins : une grande bourgeoisie commerçante et surtout terrienne dans le sud, le noyau stabilisé d'une classe ouvrière (120 à 300000 ouvriers dans les entreprises modernes), une nouvelle élite enfin,

Sortie de messe à la cathédrale de Hanoi en 1926. La colonisation a favorisé la diffusion d'un catholicisme minoritaire mais fortement structuré. Les chrétientés vietnamiennes comptent sans doute 500000 fidèles vers 1885, plus du double cinquante ans plus tard. En même temps, le bouddhisme retrouve un certain dynamisme, tandis que surgissent en Cochinchine les grandes sectes millénaristes, le caodaisme vers 1925, le mouvement Dao Sen (Hoa Hao) en 1939.

Pas de développement colonial sans croissance de la population et sans la mise en place d'un système de santé élémentaire, notamment par la vaccination de masse. Entre 1921 et 1936, la population vietnamienne augmente d'environ 20 % et les grandes épidémies, peste, variole, choléra, sont contenues ou maîtrisées.

le groupe des intellectuels qui ont suivi un cursus moderne plus ou moins complet, peut-être 5 000 vers 1925, deux fois plus dix ans plus tard.

Dès ces années 1925, historiquement si déterminantes, les milieux dirigeants de la colonisation sont confrontés à la difficile situation

Style néo-classique, normes spatiales de la ville européenne : le Grand Théâtre d'Hanoi en 1920.

Modernité coloniale

Pacifiés par la force, les trois pays vietnamiens de l'Indochine font la prospérité du capitalisme colonial. De 1880 à 1940, plus d'un milliard de francs-or y sont investis sous forme d'emprunts publics, 1,2 à 3 milliards sous forme de placements privés. Le réseau ferroviaire atteint 2056 kilomètres en 1914. Les deux grands ports, Saigon et Haiphong (ci-contre), sont les pôles de croissance d'une économie exportatrice. Les mines (le charbon de Hong Gai) et le textile, le coton de Nam Dinh et plus secondairement la soie (page suivante, l'usine Delignon de Phu Phong au Quang Nam créée en 1903) sont les secteurs industriels les plus actifs. Dans ce décollage, le rôle, controversé, de la Banque de l'Indochine (page suivante, l'agence de Saigon), banque privée détentrice du monopole de l'émission de la piastre, a été déterminant. Les profits des sociétés coloniales sont considérables : 35 % par rapport au capital investi pour les bénéfices des Distilleries de l'Indochine en 1904, 59 % pour ceux des Charbonnages du Tonkin...

BANQUE DE L'INDOCHINE

La monarchie constitutionnelle, qu'a esquissée l'empereur Bao Dai en 1932, sur les conseils des réformateurs, avorte en juillet 1933 devant l'opposition française. Le pouvoir colonial choisit de s'appuyer sur le traditionalisme confucéen. La voie de la décolonisation va se fermer, celle de la révolution s'ouvre.

démographique et agraire qui s'instaure dans la partie vietnamienne de l'Indochine, puis, à partir de l'été 1930, à la grande dépression de l'économie coloniale. Leur réponse sera de mettre en œuvre une stratégie de développement rural, faite essentiellement de grands programmes hydrauliques, destinée à restaurer l'équilibre agro-alimentaire, tout en maintenant inchangées les structures économiques coloniales. Cette stratégie «paysanne» se double d'un choix délibéré de l'immobilisme politique, du refus de toute modification du statut politique de l'Indochine, clé de voûte avec l'Algérie d'un empire colonial qui apparaît, dans la crise des années 1930, comme l'ultime espace de redéploiement du capitalisme français, autant que comme un instrument essentiel de la puissance militaire et politique. Du Cartel des Gauches au Front populaire, l'exclusion de toute réforme politique susceptible d'engager à terme un processus décolonisateur est la règle d'or de la politique indochinoise de la France. Avec constance, la colonisation creuse sa propre tombe.

«Kominternchik»

Pas de révolution sans élite et sans théorie révolutionnaire. Celle-ci, Nguyen Ai Quoc, parvenu à Moscou le 30 juin 1923 après avoir transité par Berlin, est le premier Vietnamien à l'assimiler au

Nguyen Ai Quoc en compagnie de délégués russes et allemands au Ve congrès du Komintern (17 juin-8 juillet 1924). Ses trois interventions critiquent l'inaction coloniale des partis communistes occidentaux, alors qu'à l'entendre, «le soulèvement des paysans coloniaux est imminent». Il est élu à la Commission coloniale du Komintern.

cours d'une immersion de dix-huit mois dans l'appareil central du Komintern. Simple militant colonial parmi tant d'autres que l'Internationale cherche à former depuis deux ans – un néophyte encore, la trentaine bien sonnée pourtant –, il n'en perce pas moins rapidement. Dès 1924, Nguyen Ai Quoc fait figure, à l'état-major communiste, d'expert des questions coloniales et asiatiques.

Moscou, ou le temps des apprentissages, ceux du journalisme communiste, des techniques du travail clandestin, des pratiques de direction des professionnels de la Révolution. Découverte surtout de ce qu'est en train de devenir le projet soviétique : un fascinant modèle d'accession accélérée d'une immense société paysanne à la modernité industrielle et scientifique, mis en œuvre par une élite révolutionnaire pourvue d'une assise de masse et investie du pouvoir absolu. Pour Quoc, c'est l'illumination, l'adhésion enthousiaste à un modèle qui conforte sa lecture nationaliste de la révolution communiste, conçue comme l'accomplissement du projet national : la construction d'un Etat moderne mobilisant une société «retardée» pour le développement et la quête de la puissance. A l'école du Komintern s'achève la maturation d'un redoutable praticien de la politique.

Pham Van Dong a été l'un des plus actifs militants du parti Thanh Nien. Envoyé à Saigon pour enquêter sur un crime passionnel commis dans l'organisation de Cochinchine, il est arrêté, condamné et déporté en juillet 1929.

Révolutionnaire professionnel aux frontières de l'Indochine

Février 1925 : la Sûreté indochinoise repère la présence à Canton, depuis le 8 janvier, au sein de la mission soviétique que dirige Borodine auprès du gouvernement révolutionnaire de Sun Yat-sen, d'un Vietnamien appelé Ly Thuy. Lorsque, début avril, ses agents l'identifient comme étant Nguyen Ai Quoc, la construction d'un réseau communiste au Vietnam est déjà commencée. Désormais membre de la cohorte des militants itinérants et clandestins que le Komintern entretient sur la planète, Quoc n'en cherche pas moins à être en prise sur le devenir de sa patrie. Révolutionnaire vietnamien autant qu'homme du Komintern.

En deux ans, il met sur pied une organisation proto-communiste vietnamienne en conjuguant nationalisme et communisme, démarche alors proche de la stratégie chinoise du Komintern, et applique la technique du noyau entouré d'organisations de masse spécialisées. Entré en contact avec Phan Boi Chau et ses amis, il parvient à faire des neuf membres d'un groupuscule proche du grand leader, le Tam Tam Xa, presque tous originaires de sa province natale, la Brigade de la Jeunesse communiste, noyau constitutif d'un mouvement plus vaste, le Viet Nam Cach Menh Thanh Nien Dong Chi Hoi (Association de la Jeunesse Révolutionnaire Vietnamienne). L'organisation, disciplinée, centralisée, la première à opérer à l'échelle du pays, bénéficie de l'appui du PC

Plongée dans la révolution chinoise. De 1925 à 1927, Ly Thuy-Nguyen Ai Quoc est officiellement employé au consulat soviétique de Canton, où il habite. Il a épousé, le 18 octobre 1926, une jeune sage-femme chinoise, Tang Tuyet Minh, membre du PC chinois, qu'il ne reverra pas après 1927. Tout en préparant la création du Thanh Nien, il travaille aussi avec les conseillers soviétiques du Guomindang. Il est ici photographié le 1er janvier 1925 avec les professeurs et les élèves de l'Institut du Mouvement paysan du Guomindang, où il a peut-être connu Mao Zedong.

chinois et du Guomindang alors alliés. Elle publie un bulletin ronéotypé, *Thanh Nien* (La Jeunesse). Une école de formation révolutionnaire ouvre dans l'immeuble du PC chinois. Quelque 300 jeunes gens venus du Vietnam, des figures remarquables comme Tran Phu, Ngo Gia Tu, Le Hong Phong, Pham Van Dong, y suivent l'enseignement de cadres chinois et de Nguyen Ai Quoc. Une fois admis dans l'organisation, ils retournent en Indochine fonder des cellules clandestines.

Un parti clandestin, une propagande, un corps de militants

Le triptyque constitutif de toute révolution est maintenant à l'œuvre. Bilan record à l'actif de l'organisateur hors pair qu'est Nguyen Ai Quoc. Au Vietnam, Thanh Nien ouvre l'ère de la politique révolutionnaire. L'accent est mis sur le primat de la libération nationale sur la révolution sociale. «Perdre son pays est le pire des malheurs», écrivent en 1928 les rédacteurs de *Thanh Nien*, pour lesquels «les circonstances actuelles obligent le peuple annamite à faire la révolution nationale et non pas celle des classes. C'est pourquoi le devoir des riches, des pauvres, des mandarins et des simples gens est de s'unir afin d'assurer son triomphe. [...] Faisons triompher la révolution nationale et nous commencerons ensuite la révolution mondiale.» La perspective? «Créer un front de combat unique, confier le commandement des masses au parti révolutionnaire le plus puissant, placer toutes les forces révolutionnaires sous le même drapeau.»

En filigrane perce déjà la ligne du Viet Minh, l'idée qu'il faut un parti révolutionnaire unique : «La coexistence de plusieurs partis révolutionnaires est un obstacle à l'avancement du mouvement.» Une intuition aussi chez Nguyen Ai Quoc : au Vietnam, à la différence de la Chine, le nationalisme n'a pu s'organiser par suite de la politique française; l'espace politique est vierge. En mobilisant le sentiment patriotique, en investissant les structures profondes de la sociabilité et de la civilisation – famille, clan, communauté villageoise, tradition héroïque, littérature populaire –, le communisme peut devancer les partis nationalistes, imposer son hégémonie sans concurrence sérieuse.

L'enracinement

Ce syncrétisme délibéré a facilité l'implantation de l'organisation dans les

Sur la couverture de *Thanh Nien*, le 7 novembre 1926, Lénine est représenté en guide de la révolution mondiale, principal modèle de vie auquel Ho Chi Minh aimera se référer.

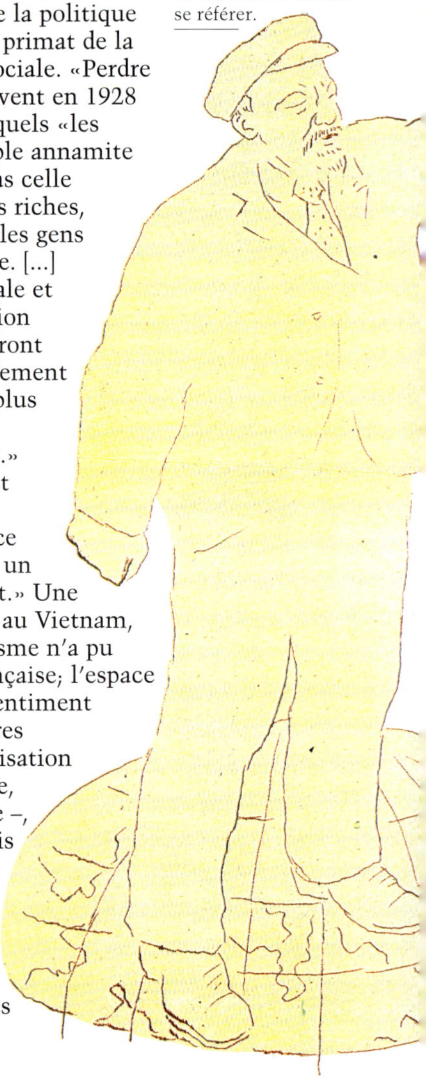

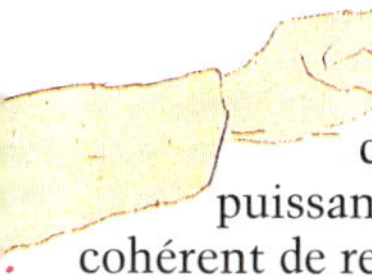

villes et les écoles de la colonie, et surtout dans les groupes nationalistes à l'état naissant. Mais ce succès s'explique autant par la puissante attraction du communisme. Projet cohérent de reconstruction révolutionnaire de la société, assurance d'une aide extérieure, il répond aux demandes politiques du nouveau groupe des intellectuels, dont beaucoup entreprennent vers 1925 d'assumer leur aliénation historique sur le mode de la

Thanh Nien (208 numéros de 1925 à 1930), est rédigé par Nguyen Ai Quoc, qui revoit tous les articles, et par les anciens du Tam Tam Xa (Ho Tung Mau, Le Hong Son, Lam Duc Thu). Polycopié ou reproduit à la main, le journal circule clandestinement en Indochine. C'est un véritable «dictionnaire révolutionnaire» dans lequel Quoc explique des notions telles que «progrès», «gauche», «impérialisme», «capitalisme», «grève», «socialisme» etc., et exalte le rôle décisif des masses paysannes, en conciliant valeurs confucéennes et mots d'ordre communistes.

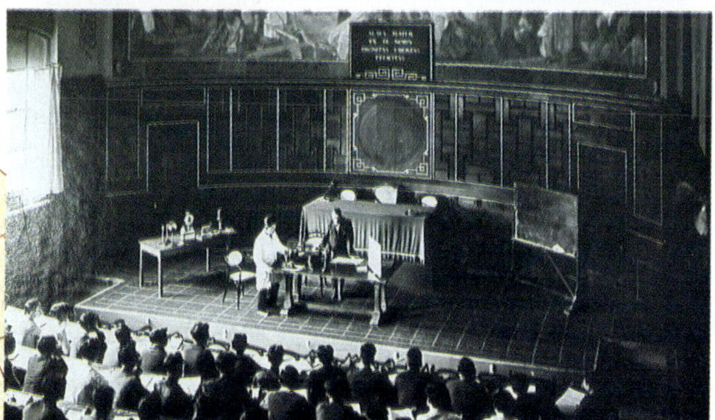

Les intellectuels vietnamiens des années trente : (en haut) les élèves de l'Ecole des Travaux publics, (en bas) un cours de physique à l'université d'Hanoi.

Un atelier à la Bouillerie d'Opium de la Régie à Saigon : la vie ouvière au quotidien.

révolte, en se constituant en intelligentsia révolutionnaire. C'est le sens des activités iconoclastes du groupe de Nguyen An Ninh, La Cloche fêlée, à Saigon, de l'explosion de journaux radicaux, des grèves scolaires des années 1926-1927. De là également viennent les groupes clandestins tels que le Tan Viet (Parti Révolutionnaire du Nouveau Vietnam) en Annam, tôt absorbé par Thanh Nien, ou l'influent Viet Nam Quoc Dan Dang (VNQDD, Parti Révolutionnaire National), créé en décembre 1927 au Tonkin sur le modèle du Guomindang.

Promesse de dignité et de bien-être, le communisme est aussi une réponse à la misère des ouvriers et des paysans, auxquels il propose de nouveaux modes de solidarité et de protestation. Il permet enfin à la jeunesse intellectuelle d'effectuer sa rencontre avec le peuple des pauvres. Dès 1929,

Bua Liem (Le Marteau et la Faucille), organe du Parti Communiste Indochinois première manière, qui, sous la direction de Ngo Gia Tu, se sépare du Thanh Nien en mai 1929, développe les thèmes d'un communisme de lutte des classes. C'est l'une des innombrables feuilles clandestines qui en 1928-1929 expriment la montée de l'effervescence révolutionnaire et la volonté très populiste de la jeune intelligentsia d'«aller au peuple».

Thanh Nien compte un millier de militants. Elle est la seule organisation à mener une action intensive parmi les ouvriers, dans le cadre du «mouvement de prolétarisation» de 1928-1929 qui pousse les jeunes intellectuels à s'embaucher dans les entreprises pour y créer cellules et syndicats rouges et à s'établir dans les villages du Nghe Tinh et de Cochinchine, où apparaissent les premières unions paysannes.

A la jonction du commerce mondial et du marché chinois, Hong Kong est aussi en 1930 l'un des maillons de l'Internationale communiste en Asie.

La création du Parti communiste

Après le coup d'Etat anticommuniste de Chiang Khai Shek à Shangai en avril 1927, Nguyen Ai Quoc est contraint de se réfugier auprès du consulat soviétique à Hankéou, puis après un passage à Swatow avec les troupes communistes de Ye Ting, de regagner l'URSS en décembre 1927. Mais Thanh Nien est en mesure de fonctionner, sous la jeune direction qu'il a formée.

Réinstallé en décembre 1929 à Hong Kong dans divers meublés de Kowloon, Quoc assume la fonction clé de la liaison entre l'Eastern Bureau clandestin de l'Internationale à Shangai et les organisations communistes de l'Asie du Sud-Est.

C'est à ce titre qu'il est amené à résoudre la crise du Thanh Nien. Elle résulte de la radicalisation de l'intelligentsia proto-communiste vietnamienne, de son irrésistible pression en vue de s'affranchir de la culture nationaliste, en partie sous l'influence des nouvelles thèses coloniales de 1928 du Komintern, qui rejettent désormais la collaboration avec les bourgeoisies nationales et préconisent la création de Partis communistes coloniaux. A son congrès de Hong Kong (1er-9 mai 1929), Thanh Nien a éclaté en trois micro-partis communistes rivaux. Nguyen Ai Quoc réunit au nom de l'Internationale leurs délégations à Kowloon du 3 au 7 février 1930 et parvient à les unifier dans le Parti Communiste Vietnamien sur la base d'un programme de libération nationale à direction ouvrière. Un jeune retour d'URSS, Tran Phu, est nommé secrétaire général.

Les soulèvements de 1930-1931

Le communisme vient de naître. Mais l'épreuve de la révolution est déjà là. Dans le dramatique affrontement qui, trois années durant, va opposer nationalistes, communistes et colonisateurs, se conjuguent toutes les tensions à l'œuvre depuis 1923,

sur fond de mauvaises récoltes au Tonkin et au Nord-Annam et de dépression économique mondiale. Confrontation en trois actes. Le soulèvement des tirailleurs de la garnison de Yen Bay, à l'initiative du VNQDD, les 9-10 février 1930, est écrasé en quinze jours. Une implacable répression élimine pour longtemps d'Indochine l'organisation et l'action nationalistes. Elles ne survivront que dans l'exil chinois. Mais s'est déjà ouverte, imprévue, la seconde phase de la crise, sociale et populaire. Les militants du jeune PC mettent les ouvriers en grève à la grande plantation d'hévéas de Phu Rieng le 4 février, aux filatures de Nam Dinh en mars. Le 1er mai est sanglant : dans le seul *huyen* (district) natal de Ho Chi Minh, Nam Dan, on relève 50 tués. Les grèves s'étendent tandis qu'éclatent, au Nghe Tinh, en

Têt 1930 : les grévistes face aux surveillants français dans la plantation de Phu Rieng que ses 3000 coolies vont contrôler pendant trois jours (à gauche, en bas). En Indochine, grève et syndicats sont interdits. Les «14» meneurs de «Phu Rieng la Rouge» se partageront 35 ans de prison. A l'été, la protestation paysanne grandit au Nghe Tinh (ci-dessous). «La crise de la colonisation est ouverte», écrit A. Sarraut en 1931.

Cochinchine, au Quang Ngai, d'impressionnantes manifestations paysannes contre les impôts et les notables. L'agitation touche 25 provinces. A l'été 1930, l'action communiste soulève la paysannerie du Nghe Tinh, l'appareil administratif se désagrège, des milices sont formées et, en septembre 1930, une trentaine de soviets ruraux sont proclamés dans les *huyen* de Nam Dan et de Thanh Chuong.

Manifestations et meetings quotidiens, alphabétisation, abolition du jeu et des impôts, redistribution des terres des landlords aux pauvres débouchent au printemps de 1931, alors que la famine s'abat sur le Nghe An, sur l'explosion de la violence contre les notables ruraux. Formidable mouvement, même s'il reste régional, qui a surpris les autorités coloniales et pousse le comité central du PC réuni en octobre 1930 à Hong Kong en présence de Nguyen Ai Quoc à rejeter, sur instructions du Komintern, les thèses de février et à adopter une ligne de révolution agraire et anti-impérialiste ainsi que la nouvelle dénomination de Parti Communiste Indochinois (PCI) qui gomme la référence vietnamienne, mais lui permet d'être admis le 11 avril 1931 dans l'Internationale. Le PCI entre dans sa période gauchiste. Il maintient au début de 1931, encore, que la vague révolutionnaire continue de

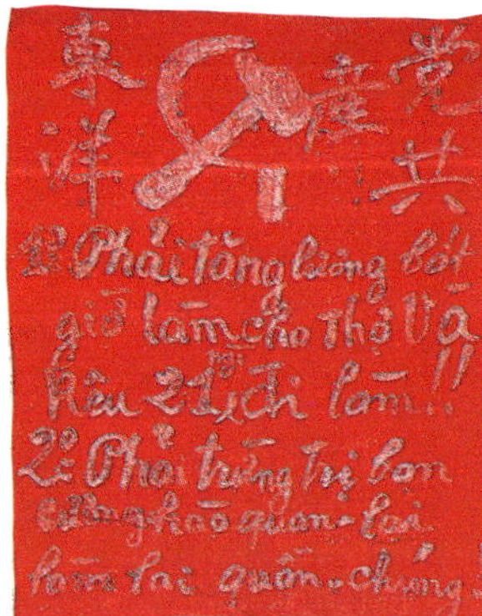

A Vinh, parmi les 3000 ouvriers de l'Indochinoise Forestière et des Allumettes (à gauche) et des Ateliers Ferroviaires de Truong Thi, la grève s'installe en avril 1930. Mots d'ordre de ce drapeau saisi en janvier 1931 : hausse des salaires, réintégration des ouvriers licenciés, sanctions contre les mandarins. Le modèle ouvrier européen s'établit et, avec lui, indéracinable, le communisme. « Le parti, constate, lucide, le résident supérieur de l'Annam en juillet 1931, a déjà étendu ses ramifications sur tout le pays ; dans toutes les provinces on trouve au moins quelques cellules-mères, plus ou moins actives, mais toutes constituent une base possible pour un développement rapide. Le grain est semé et attend pour germer le moment favorable. »

grandir; il s'avère incapable d'organiser la retraite, alors qu'une terrible répression – sans doute 3000 morts au Nghe Tinh, peut-être 10000 arrestations au total – écrase les différents mouvements régionaux, démantèle l'appareil clandestin du parti, décime sa jeune élite dirigeante. Prisons et bagnes sont pleins, mais la crise de la colonisation est ouverte.

Le révolutionnaire mis hors jeu

La levée révolutionnaire indochinoise aura clos la première séquence d'activisme clandestin de Nguyen Ai Quoc en Asie orientale. Arrêté le 6 juin 1931 par la

Le soulèvement de Yen Bay a eu un écho considérable, mais son échec prive d'avenir le VNQDD. «La vie est un jeu de hasard, avait dit son chef Nguyen Thai Hoc, guillotiné le 17 juin. La chance est contre nous. Mieux vaut mourir maintenant et laisser l'exemple du sacrifice.»

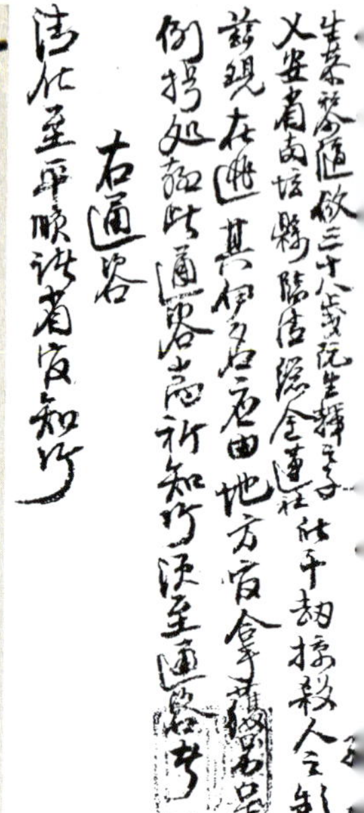

police anglaise de Hong Kong, à deux doigts d'être livré aux Français, il ne sera libéré qu'en janvier 1933. De 1931 à 1938, il perd, en fait, toute connexion concrète avec le devenir de l'Indochine. Il est trop dangereux pour lui d'en approcher les frontières. Surtout, la reconstruction du PCI, qui s'effectue à partir de 1932, sous la direction de jeunes cadres formés à Moscou (Le Hong Phong, Ha Huy Tap, Tran Van Giau, etc.), sur une ligne stalinienne de

La contre-offensive du pouvoir colonial a été implacable. Villages «rouges» incendiés par la Légion, cortèges mitraillés, prisonniers fusillés : pour la seule période du 9 avril au 7 mai 1931, 696 tués… La révolution est traquée. Ci-dessus, le mandat d'arrêt lancé contre Nguyen Ai Quoc par la Cour de Hué, ci-contre sa machine à écrire saisie à Hong Kong. Pour le PCI, l'épreuve est cruciale.

«bolchévisation» du parti, de priorité à l'implantation ouvrière, implique la dénonciation du nationalisme et de graves réserves des nouveaux dirigeants sur son action personnelle. La nouvelle ligne n'empêche pas la mise en place d'un influent front légal en Cochinchine, le groupe et le journal *La Lutte*, en alliance avec les trotskistes saigonnais de Ta Thu Thau, qui permet au PCI de reprendre vie.

Avec l'adoption en 1936 de la politique de Front populaire, élargie en Front démocratique indochinois en mars 1938, le PCI s'assure, à la faveur des grands mouvements de masse de 1936-1938, une solide assise ouvrière et paysanne.

Un renouveau dont Quoc est coupé. Critiqué pour tendances nationalistes, il comparaît même devant une commission disciplinaire à Moscou. Séjour en Crimée, études, sous le nom de Linov, à l'Ecole Lénine, créée en 1926 pour les dirigeants des PC, puis fonctions au Secrétariat d'Orient du Komintern, sous l'autorité d'Otto Kuusinen et surtout de Manuilsky, les véritables patrons de l'Internationale stalinienne, cours aux élèves vietnamiens de l'Institut des questions nationales et coloniales, issu de la KUTB en 1932 : Nguyen Ai Quoc reste un cadre kominternien important, mais en retrait. Il n'assiste au VIIe congrès de l'Internationale en 1935 qu'à titre consultatif. Lié, semble-t-il, à Manuilsky, l'homme de confiance de Staline, il traverse sans état d'âme apparent les grandes purges de 1936-1938, d'autant qu'il n'a aucun désaccord avec le stalinisme, ce que confirment ses prises de position antitrotskistes orthodoxes en 1939 dans le journal légal du PCI de Hanoi, *Notre Voix*. Après huit années d'une efficacité peu commune sur le terrain, cette retraite à Moscou aura été en définitive une mise hors jeu, provisoire toutefois, car en octobre 1938 il obtient l'autorisation de partir pour la Chine.

De 1931 à 1934 : sombres années pour Quoc. Après la prison, le procès, les critiques du PCI.

« Le service qu'il a rendu à notre parti est grand, mais nos camarades ne doivent cependant pas oublier les survivances nationalistes de Nguyen Ai Quoc et ses instructions erronées dans les questions fondamentales du mouvement révolutionnaire. [...] Il ne mit pas en discussion préalable la tactique que l'Internationale devait appliquer pour extirper les éléments opportunistes de ses sections. Il a préconisé en outre une tactique réformiste et collaborationiste erronée, la «neutralité à l'égard de la bourgeoisie et de la paysannerie riche», «l'alliance avec les moyens et petits propriétaires». »

Bon so Vic, 1934

Lorsqu'en octobre 1938, Nguyen Ai Quoc quitte Moscou pour la Chine, en Asie, la Deuxième Guerre mondiale est commencée depuis plus d'un an. Tournant d'une vie pour le militant qui, par la Route de la Soie gagne Yanan, la capitale de la Chine rouge de Mao Zedong. Le révolutionnaire traqué va devenir chef d'Etat, le leader de la première prise du pouvoir réussie par un parti communiste depuis 1917, la seule qui l'aura jamais été dans un pays colonial.

CHAPITRE IV
L'HEURE DU SALUT NATIONAL

Au sortir de la guerre, dans ce printemps des peuples du Tiers Monde, une nouvelle nation-Etat surgit des ruines de l'Indochine française. Les hommes apprennent son nom, le Vietnam, lui donnent un visage, aimé ou haï : Ho Chi Minh.

En 1941, au moment où, dans les massifs calcaires du nord-ouest de Cao Bang, Nguyen Ai Quoc foule à nouveau, après trente ans d'exil, la terre vietnamienne, les trois verrous qui, depuis près d'un siècle, préservaient la mainmise de la France sur la péninsule – la puissance militaire française, l'absence de réelle menace extérieure contre l'Indochine, la supériorité de l'appareil répressif colonial sur tous ses adversaires vietnamiens – viennent de sauter. Pour les nations indochinoises, la perspective de l'indépendance, jusqu'alors si lointaine, se trouve brusquement écourtée. Tout devient possible.

Le 15 septembre 1941, les troupes japonaises entrent dans Saigon. Les 49000 hommes de l'Armée coloniale, pris à revers par l'attaque thaïlandaise au Cambodge (septembre 1940-mars 1941), ne sont pas en état de s'y opposer.

L'occupation japonaise

A l'origine de cette conjoncture imprévue, deux données majeures. L'expansion japonaise en Chine et en Asie du Sud-Est tout d'abord. Fenêtre sur l'extérieur (par le chemin de fer du Yunnan) du gouvernement de Chiang Kai Shek replié à Chongqing, clé stratégique de l'ensemble sudestasien, productrice de riz et de matières premières, l'Indochine est dès 1937 l'un des principaux objectifs de Tokyo. En second lieu, la soudaine fragilisation du régime colonial à la suite du collapsus militaire et politique de juin 1940 en métropole. A partir de cette date, il ne peut plus compter sur une quelconque aide extérieure.

Dès le 22 septembre 1940, l'armée japonaise lance une première attaque

Partenaire inégal du Japon, l'administration de l'amiral Decoux restera fidèle au régime de Vichy (ci-dessus, la prestation de serment au Maréchal de la Légion des combattants, à Hanoi en 1942). Tout autre choix supposait l'ouverture des hostilités avec les Japonais, une concertation avec le gouvernement nationaliste chinois et la mobilisation massive des populations colonisées. Il existera en Indochine des réseaux de la France Libre (sous les ordres du général Mordant) qui ne parviendront pas plus à résoudre ce dilemme. A la différence de l'Angleterre pour l'Inde, aucune des deux France rivales n'était en mesure de promettre l'indépendance aux mouvements nationaux indochinois en échange de leur alliance.

sur Lang Son. Ses chefs n'ont cependant pas les moyens d'administrer l'Indochine. D'où le compromis entre Tokyo et Vichy, que mettra en œuvre, dans ce que l'on appelle désormais la Fédération indochinoise, l'amiral Decoux, gouverneur général depuis juillet 1940. Une série d'accords franco-japonais, notamment en juillet 1941, autorisent le stationnement des troupes nippones dans la colonie, prévoient une «défense commune» en cas d'agression extérieure, intègrent l'Indochine dans l'économie de guerre du Japon en échange de l'engagement nippon de respecter la souveraineté nationale française. Ainsi s'instaure une situation de pouvoir divisé, de double exploitation coloniale dans un contexte de pénurie grandissante qui devient intenable à la fin de 1944 lorsque, à la suite de l'interruption des communications entre le Sud et le Nord par les bombardements alliés, la famine s'abat sur le Tonkin et fait peut-être un million de victimes.

Fait déterminant qui donne son sens à la stratégie hochiminhnienne : de toutes les colonies de l'époque, l'Indochine est la seule où un mouvement national peut combattre frontalement le pouvoir colonial, en se réclamant de la cause alliée, puisque ce dernier est

En septembre 1940, 2000 membres du Phuc Quoc Hoi (Ligue pour la Restauration du Vietnam) du prince Cuong De attaquent Lang Son. Sitôt après le coup de main manqué des groupes armés du PCI sur le poste de Mo Nhai, au Tonkin, le Comité du parti de Cochinchine donne, en novembre, le signal de l'insurrection. Au même moment, le VIIe Plénum du Comité central, réuni au village de Yen Vien, au Tonkin, décide de l'ajourner. Mais le contre-ordre arrive trop tard, et les cellules de tirailleurs s'engagent dans l'action armée (ci-dessus).

thông cáo khẩn cấp
của
Ban thường vụ trung ương
Đảng Cộng Sản Đông dương

Các đồng chí,
Các chiến sĩ cách mạng,

En novembre 1940 circule, polycopié, ce «Communiqué urgent» du bureau permanent du Comité central du PCI, invitant le pays à combattre les forces coloniales qui répriment dans le sang l'insurrection de Cochinchine.

devenu le partenaire de l'ennemi japonais. Mais il ne pourra le faire avec quelque chance de succès qu'au Tonkin, adossé à la Chine nationaliste en guerre.

Le régime colonial en sursis

Dès 1940 ont éclaté une série de soulèvements armés, dont les plus dangereux sont le fait du PCI. En 1940, son Comité central, revenu en novembre 1939 à une ligne anti-impérialiste, prépare l'insurrection selon le schéma léniniste de transformation de la défaite impérialiste en révolution. Ainsi éclate la grave révolte du 22 novembre 1940 en Cochinchine : douze provinces affectées, plus de 5000 arrestations, 106 exécutions. Pour la seconde fois en dix ans, un soulèvement communiste est écrasé. Dans le Sud, le PCI, déjà affaibli par les répressions de 1939, est hors jeu jusqu'en 1943.

Les autorités coloniales n'y gagnent cependant qu'un simple répit. En raison, d'abord, de l'appui apporté par les services japonais, dans le cadre du

Echec sanglant de l'insurrection armée. Le secrétaire général du parti, Nguyen Van Cu, et trois membres du Comité central, dont Nguyen Thi Minh Khai (page de gauche, en haut), l'une des grandes figures féminines du communisme indochinois, le paient de leur vie.

projet de la grande Asie orientale, aux nationalistes non communistes : personnalités comme Ngo Dinh Diem, le futur leader du Sud Vietnam, petits groupes à faible audience comme, au Nord, le Dai Viet (Grand Vietnam) de l'écrivain Nguyen Tuong Tam, puissantes sectes millénaristes de Cochinchine surtout.

En raison, surtout, de l'essor fulgurant après 1943, en particulier dans la jeunesse, d'un nationalisme de masse que l'administration vichyste n'a pu qu'essayer de canaliser, en encadrant 600000 jeunes dans Sport et Jeunesse, mais qui s'organise de manière autonome, par exemple dans les Jeunesses d'Avant-Garde du Dr Pham Ngôc Thach, à Saigon en 1945.

Pourtant, aucun de ces mouvements n'est en mesure de donner une traduction politique à la levée nationale en cours. Ils cumulent une série de faiblesses : projet politique absent ou confus, cadres et dirigeants improvisés, implantation purement régionale, hypothèque politique que représente pour leur avenir après la victoire alliée leur compromission, fréquente, avec le Japon. Certes, il existe des groupes nationalistes en Chine, les restes du VNQDD de Vu Hong Khanh et de Truong Boi Cong, protégés par les groupes militaires du Sud, celui du général Chang Fa Kuei en particulier, mais aucun d'entre eux n'a d'implantation militante au Vietnam. Cette carence historique du nationalisme non communiste, conjuguée à l'éclipse de l'influent communisme méridional, va donner sa chance au tournant stratégique qu'accomplit le Parti communiste indochinois en 1941.

Un Yanan vietnamien... le Viet Minh, Ho Chi Minh

L'initiative en revient à Nguyen Ai Quoc. Parvenu en avril 1940 au Yunnan, il y retrouve des cadres du Bureau extérieur du PCI, comme Phung Chi Kien, mais aussi des militants qui ont gagné la Chine, comme Vo Nguyen Giap et Pham Van Dong. Ils seront rejoints en décembre par Truong Chinh et Hoang Quoc Viet, membres du Comité central. A Kun Ming depuis mai 1940, Quoc travaille sous divers pseudonymes avec l'organisation locale du PC chinois. Puis, après les insurrections indochinoises, il passe avec son groupe à la réalisation d'une base de résistance au Vietnam. Au début de février 1941, il franchit la frontière à la borne 108, avec sa valise en rotin et sa machine à écrire, et s'installe dans la grotte de Coc Bo, hameau de Pac Bo, village de Truong Ha, dans les calcaires du pays Nung sous le pseudonyme de «Père Thu»... Sans moyens matériels, avec une poignée d'hommes, armé d'une stupéfiante perspicacité,

«Travail - Famille - Patrie... Le maréchal Pétain vous dit : «Je sais que vous êtes les amis dévoués de la France. Aimez la France et aimez votre patrie, ce n'est qu'ainsi que vous comprendrez et que vous aimerez mieux la France.»»

«Des nuages, des monts. Des monts et des nuages. Un fleuve en bas miroite.»

Ho Chi Minh

Au Viet Bac, la haute région du Tonkin (ci-dessous), se réarme la révolution.

d'un incroyable sens de la conjoncture, il repense le projet communiste, sans pour autant entrer en contradiction avec le Komintern, mais en disposant désormais d'une autonomie d'initiative quasi absolue. C'est, d'une certaine manière, une deuxième fondation du communisme vietnamien qui s'accomplit à la VIIIe session du Comité central à Pac Bo, du 10 au 19 mai 1941.

Priorité est désormais donnée au combat national sur l'action de classe (la révolution agraire est ajournée), en l'articulant à la résistance au fascisme japonais et français. La révolution sera une «révolution de libération nationale», doublement légitimée par l'intérêt de la nation et par la cause alliée. Un mot d'ordre résume le projet : *cuu quôc*, «salut national», ne pas laisser passer l'occasion unique que représenteront la défaite japonaise et «l'invasion de l'Indochine par les Chinois, les Anglais ou les Américains». Le parti qui saura l'exploiter s'adjugera l'hégémonie pour longtemps...

L'instrument politique du projet est un front politique, dirigé par le PCI, le Vietnam Doc Lap Dong Minh (Alliance pour l'indépendance du Vietnam), le «Viet Minh». Sa mise en œuvre se fera par l'appel à la

Le *Viet Nam Doc Lap* (L'Indépendance du Vietnam), rédigé par Pham Van Dong, paraît chaque semaine à partir d'août 1941. Son numéro du 10 mai 1945 titre : «L'Allemagne a capitulé sans conditions.»

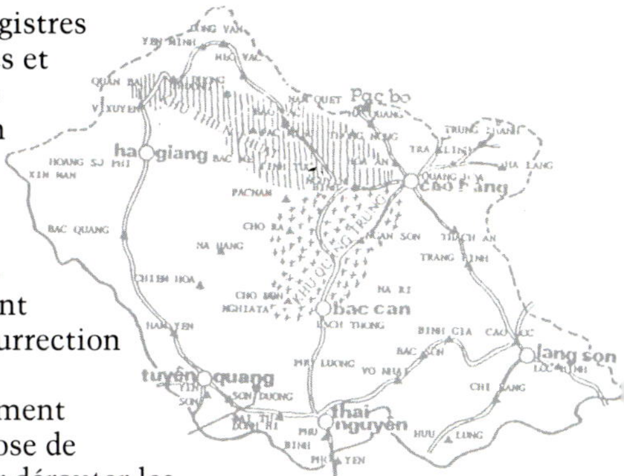

Les deux «zones libérées» du Viet Bac à la fin 1943, auxquelles s'ajoute la base plus restreinte de Bac Son.

mémoire nationale, aux riches registres de mythes, de traditions, d'images et d'oublis qui composent l'identité vietnamienne, par la constitution aussi d'une force militaire à partir d'unités de guérilla liées à la population et de bases régionales. C'est la «stratégie des soulèvements partiels» qui doivent déboucher, le jour venu, sur l'insurrection générale.

Changement d'époque, changement d'hommes, nouvelle métamorphose de Nguyen Ai Quoc, nécessaire pour dérouter les Chinois, mais qui redessine la figure historique qu'il entend être désormais : il prend en août 1942 le nom de Ho Chi Minh, «Ho à la volonté éclairée»...

Les maquis du Viet Bac

Ce n'est qu'au printemps de 1943, après dix-huit mois de piétinements, alors que se confirme la probabilité de la défaite japonaise, que les militants du Viet Minh parviennent à mettre sur pied deux «zones libérées». A la fin de l'année, un micro-Etat vietminh est en gestation avec son appareil administratif, ses stages d'instruction politique et militaire, sa presse clandestine régulière, rédigée en termes simples et diffusée depuis Pac Bo, son millier de combattants répartis en groupes d'autodéfense *(tu ve)*, en unités régionales et en 19 «unités séparées», commandées par Vo Nguyen Giap.

Dans le même temps, Ho Chi Minh, convaincu que le devenir du Vietnam obéit à de puissantes déterminations internationales, mène en Chine du Sud une décisive action auprès des autorités nationalistes et de l'OSS (les services de renseignements américains) pour obtenir une assistance militaire et la reconnaissance politique du front du Viet Minh. Ici joue à plein la tactique du secret et du subterfuge.

A la fin de 1943, le Viet Minh est déjà assez solide pour survivre aux opérations militaires engagées par le gouvernement général en novembre. Son implantation se limite certes à des secteurs montagneux, mais il parvient à ouvrir un «front culturel» dans les villes du Delta, à influencer les écrivains et les artistes du «Nouveau Vietnam» ainsi que l'Association des Etudiants de Hanoi.

Obtenir la légitimation des Alliés n'est pas impossible, car Chinois comme Américains ont besoin de réseaux d'information. Les Chinois ont entrepris de fédérer les maigres forces du nationalisme de l'exil en prévision de leur entrée en Indochine dans le Dong Minh Hoi (Ligue révolutionnaire du Vietnam) de Nguyen Hai Than. En outre, la politique de Roosevelt vise à éliminer la France de l'Indochine et à mettre en place un *trusteeship* («tutelle») international dans la péninsule.

C'est en se rendant à Chongqing pour rencontrer les responsables nationalistes que Ho Chi Minh est arrêté le 29 août 1942 sur le soupçon d'être un espion franco-japonais. Traîné de prison en prison – il y en aura 18 – à travers le Guangxi, il n'est libéré que le 10 septembre 1943. Ses compagnons l'ont cru mort.

Dans les prisons du Guangxi, Ho Chi Minh compose, en chinois classique, une centaine de poèmes (page de droite, l'un de ses carnets) qui résument son humour, son attention à la souffrance d'autrui, un certain romantisme, la détermination aussi d'un bâtisseur d'Etat.

«Solitaire, je vais le cœur ému.
Je scrute au loin le ciel du Sud.
Je songe à mes amis.»

«Qui sort de la prison peut bâtir le pays.
Qui tient dans le malheur prouve qu'il est fidèle.
Qui songe à la patrie est un homme de bien.
Que s'ouvre la prison et le dragon s'envole.»

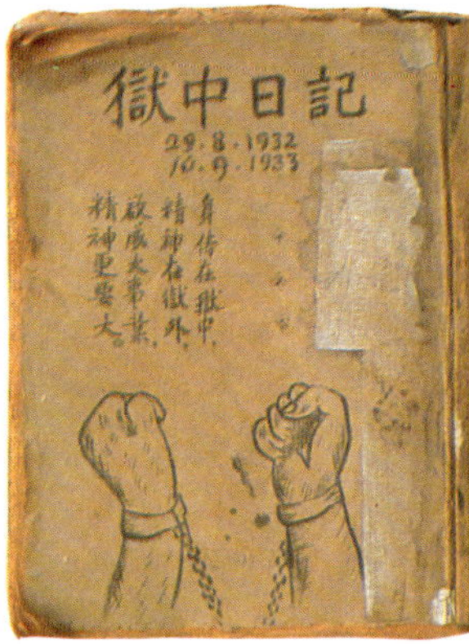

Son art de la négociation finit par avoir raison de la méfiance des seigneurs de la guerre chinois et par obtenir l'admission du Viet Minh au congrès de réorganisation du Dong Minh Hoi à Liuzhou (25-28 mars 1944), qui le désigne comme membre du gouvernement provisoire projeté. Surtout, lors de son voyage à Kun Ming en 1944, il réussit à nouer des contacts étroits avec l'état-major américain en Chine.

Après l'offensive japonaise de septembre 1944 qui contraint l'armée chinoise à la retraite, les Américains parachutent l'équipe du major Thomas en zone vietminh et fournissent quelques armes au Viet Minh, désormais leur principal relais en Indochine, malgré l'irritation de la mission de la France Libre à Kun Ming dirigée par Jean Sainteny. Une caution apparente qui sera pour Ho Chi Minh un inappréciable atout.

Dès 1944, la France Libre prépare l'opinion à la reconquête de Indochine (ces affiches ont été imprimées à Alger). Entreprise ambiguë où le concept colonial d'«Empire» est associé à la notion d'une «Libération» sur le mode de celle qui va s'accomplir en France.

Août 1945

La révolution d'août... Trois événements majeurs l'auront rendue possible. L'opération «Mei», le coup de force engagé au matin du 9 mars 1945 par les forces japonaises contre les autorités et l'armée française d'Indochine : en vingt-quatre heures, les Japonais mettent fin au régime colonial, internent troupes et fonctionnaires français. L'interlude japonais va durer cinq mois. Le 11 mars, l'empereur Bao Dai proclame l'indépendance et constitue un gouvernement destiné à assurer la transition jusqu'à la fin de la guerre, présidé par un érudit respecté, Trang Trong Kim. Mais l'indépendance baodaiste ne change guère la réalité, les hauts fonctionnaires japonais ont remplacé les Français,

FRANCAIS...
TONKIN
LAO
ANNAM
CAMBO
COCHINCH
R. DANYACH
tu dois délivrer l'
INDOCHINE
DE L'HYDRE JAPONAISE !
AFFICHES "LA TYPO LITHO" & J. CARBONEL. ALGER
S.G.M.A. 10-43
COMMISSARIAT A L'INFORMATION

R. DANYACH
LAO
ANNAM
CAMBO
COCHINCHINE
français
l'INDOCHINE
est captive...
LA TYPO-LITHO & J. CARBONEL. ALGER
COMMISSARIAT A L'INFORMATION
S.G.M.A. 10-43

"Les Japonais ne tarderont pas à rendre les armes. C'est une quasi-certitude. Après leur défaite, les troupes alliées vont faire leur entrée pour occuper l'Indochine. Ces troupes seront anglaises, françaises, chinoises. Qu'importe leur nationalité, étant donné la situation internationale, nous ne pourrons pas lutter contre elles, elles entreraient de toutes façons. C'est pourquoi nous devons les accueillir et établir un dialogue avec elles. Pour dialoguer, il faut avoir une certaine force. Celle-ci, c'est la conquête du pouvoir des mains des Japonais qui va nous l'offrir."

Discours de Ho Chi Minh, à Tan Trao, le 13 août 1945.

le gouvernement Trang Trong Kim ne parvient pas à maîtriser la situation, ni la famine.

En second lieu, les décisions de Potsdam (fin juillet-début août), qui prévoient que l'armée chinoise occupera l'Indochine jusqu'au seizième parallèle, les Britanniques recevant la capitulation japonaise plus au sud : l'Amérique a choisi l'abstention en Indochine. Enfin, troisième facteur, Hiroshima, le 6 août, et la capitulation du Japon le 14.

Ho Chi Minh et Bao Dai chez Jean Sainteny, le 7 mars 1946. Symbole de la volonté unanime d'indépendance des Vietnamiens.

Le moment favorable

Entre la demande de reddition du Japon, l'arrivée des premiers soldats chinois à Hanoi (9 septembre), le débarquement anglais à Saigon (12 septembre), va s'ouvrir un vide politique, la vacance du pouvoir, le moment favorable. Les militants du Viet Minh ont mis les bouchées doubles. Les groupes armés ont été réorganisés en avril en une Armée de Libération Nationale, commandée par Giap, disposant de 5000 fusils. Le Viet Minh contrôle en grande partie depuis juin 1945 les six provinces du Viet Bac avec environ un million d'habitants. Il infiltre la Garde indigène, déchaîne dans les villages, par la propagande, la persuasion ou la force, les «luttes pour le riz» contre les greniers des propriétaires et les dépôts officiels. La famine va mobiliser les paysans aux côtés de la révolution, tandis que les villes sont travaillées au grand jour par les propagandistes du Viet Minh. Même la bourgeoisie penche vers lui.

Ho Chi Minh, établi en juin au village de Tan Trao, à 80 kilomètres au nord de Hanoi, y est rejoint le 16 juillet par le major A. K. Thomas, dont le poste de radio lui permet d'être averti le 11 août de l'imminence de la capitulation nippone. C'est l'accélération. Après une réunion du Comité central, un Congrès national populaire (16-17 août) lance un appel à l'insurrection nationale et crée un Comité de libération nationale présidé par Ho Chi Minh. Le 16 août, les unités de Giap se mettent en marche vers Hanoi.

Hanoi, Hué, Saigon : révolution, libération, saisie du pouvoir

Tout bascule. Dans la capitale, les manifestations ont commencé le 16. Le lendemain, au meeting qui se déroule devant le théâtre, le comité de ville du Viet Minh prend sans coup férir la tête du mouvement. Le 19, à la tête d'une foule monstre, il s'assure de la neutralité du délégué impérial Pham Ke Toai et des troupes japonaises, s'empare des casernes et des bâtiments publics. A 16 heures, il est maître de la ville. Prise de pouvoir quasi spontanée, qui s'accomplit de la même manière dans toutes les autres villes du Nord et du Centre entre le 18 et le 28 août. Ho Chi Minh est entré discrètement dans Hanoi le 21 août, suivi le 22 par la mission américaine du major Patti, qu'accompagne Jean Sainteny, et le 26 par les unités de Vo Nguyen Giap accueillies par une foule en délire.

A Hué, les Jeunesses de première ligne de l'ancien chef scout Ta Quang Buu contrôlent la ville et installent un comité Viet Minh le 22 août.

Le 23, Bao Dai abdique et le 25 il remet l'épée et les sceaux impériaux aux envoyés de Ho Chi Minh.

A Saigon, l'occupation du pouvoir s'est d'abord accomplie au profit des sectes, des nationalistes et des trotskystes alliés dans un Front national unifié. Mais le PCI, qui a réorganisé sous la direction de Tran Van Giau en 1943-1944 un réseau de cellules et de syndicats clandestins, sous le couvert des Jeunesses d'Avant-Garde, prend le pouvoir le 25 août et constitue le Comité exécutif du Nam Bo (du Sud).

Le 29 août, c'est la formation d'un gouvernement provisoire sous la présidence de Ho Chi Minh qu'entourent quinze ministres dont neuf communistes (Vo Nguyen Giap à l'Intérieur, Pham Van Dong aux Finances), les sans-parti comme Nguyen Manh Ha ou Nguyen Van To ayant des portefeuilles techniques, l'ex-empereur Bao Dai

Hanoi, 2 septembre 1945, heures d'espérance pour les Vietnamiens, drapeau en berne pour la colonisation. C'est la proclamation de l'Indépendance, la seconde après celle qu'avait signée Bao Dai en mars. Devant le palais du gouvernement général, le peuple fait face à Ho Chi Minh, fragile, bizarrement accoutré d'une veste kaki au col boutonné, pieds nus dans des sandales, un peu Sun Yat-Sen, un peu Gandhi, figure symbolique déjà.

«Nous déclarons nous affranchir complètement de tout rapport colonial.» Impossible désormais de revenir avec la France impérialiste à la situation coloniale, même repeinte aux couleurs de l'«Union Française» comme elle va l'être. Cette lame de fond, le PCI, si faible avec ses 5000 membres, et pourtant fort de ses quinze années de combat, la canalise en installant partout les comités populaires, en exécutant aussi ses adversaires, chefs du constitutionnalisme bourgeois, militants du trotskysme saigonnais.

recevant le titre de «conseiller suprême».

Doc lap, l'indépendance

Reste à recevoir l'adhésion populaire. C'est l'acquis de la journée du 2 septembre. Face à une mer humaine, devant le palais du gouverneur général, Ho Chi Minh lit la Déclaration d'indépendance de la

République démocratique du Vietnam (RDV), placée sous la double référence de la Déclaration américaine de 1776 et de la Déclaration des Droits de l'Homme de 1789. Tout se joue entre la foule et lui. Quelques phrases au micro et puis ces simples mots improvisés : «Compatriotes, m'entendez-vous clairement?» Une formidable clameur lui répond. Pour tout un peuple, pour ses adversaires même, Ho Chi Minh est devenu l'homme de l'indépendance. La révolution vient de se faire dans les esprits.

Lorsque les troupes chinoises arrivent, elles se trouvent devant le fait accompli : le Viet-Minh contrôle le Nord et le Centre. En revanche, au Sud, l'alliance constituée début septembre par l'élargissement du Comité du Nam Bo s'est vite déchirée; la manifestation du 2 septembre à Saigon se termine par une fusillade; le 23, les troupes françaises réarmées par les Anglais reprennent la ville. Le 3 octobre, le corps expéditionnaire (CEFEO) du général Leclerc, envoyé par le gouvernement de De Gaulle, est là. La guerre commence.

Les révolutionnaires conserveront-ils le pouvoir?

Dès septembre, le gouvernement de Ho Chi Minh est pris entre deux feux. D'un côté la France néo-coloniale, son Haut Commissariat en Indochine confié à l'amiral D'Argenlieu et le CEFEO, de l'autre l'armée chinoise du général Lu Han. Alors que Chongqing est plutôt neutre, ce dernier est très

Le CEFEO quitte Marseille (page de droite). Son fer de lance est la Deuxième DB du général Leclerc.

Caricature vietamienne de 1945 : «Le Serpent français avale ses paroles et répand la calomnie partout dans le monde.»

L'armée chinoise se comporte dans le Nord comme une armée d'occupation, multipliant exactions et réquisitions. Mais il n'y a pas d'unité de vues sur la poitique à mener en Indochine entre les différents groupes militaires qui se partagent le pouvoir en Chine. Les généraux Lu Han et Siao Wen ne semblent pas avoir fourni aux nationalistes vietnamiens, leurs alliés, un appui efficace.

hostile aux Français et favorable à l'idée d'un *trusteeship* chinois. Ses troupes sont rejointes le 16 septembre par les nationalistes du Dong Minh Hoi dirigés par le vieux Nguyen Hai Than, puis, en octobre, par ceux du Dai Viet et du VNQDD avec Vu Hong Khanh et Nguyen Tuong Tam. Quant à l'Amérique, elle s'est résignée dès avant l'été 1945 au retour des Français, que les Anglais, de leur côté, favorisent.

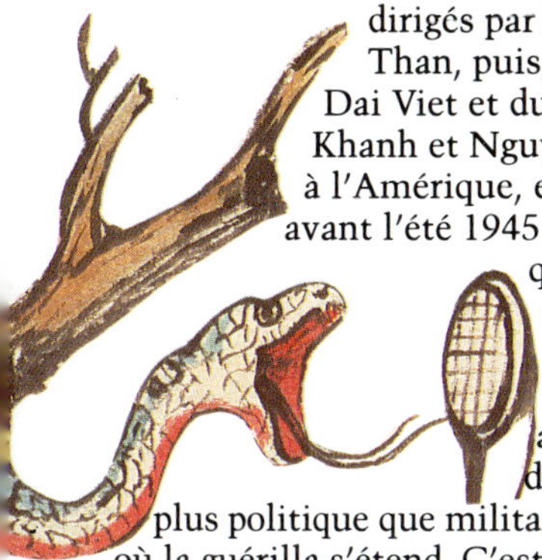

Confrontation triangulaire donc, ambiguë, jusqu'en décembre 1946, d'abord plus politique que militaire, sauf en Cochinchine où la guérilla s'étend. C'est que les deux principaux adversaires, Vietnamiens et Français, ont un intérêt commun à gagner du temps, faute de forces suffisantes pour l'emporter. Parce qu'il leur faut aussi éliminer, avant de s'affronter, le risque d'un arbitrage chinois qui pourrait leur être fatal. Mais dès l'automne 1945, l'enjeu du conflit franco-vietnamien est crucial : libération nationale ou néo-colonisation. Paris et le Haut Commissariat excluent toute décolonisation et vont mettre en œuvre le concept de la «Fédération indochinoise», défini dans la déclaration gouvernementale du 24 mars 1945, qui prévoit d'intégrer le Vietnam divisé en trois entités distinctes, avec le Cambodge et le Laos, dans un ensemble indochinois dirigé par un gouvernement fédéral. Pour les Français, le conflit avec la RDV, simple pouvoir de fait, est inévitable pour reconquérir la maîtrise politique de l'ensemble vietnamien, clé de voûte de la Fédération indochinoise, elle-même pierre angulaire de l'Union Française.

Vers les accords du 6 mars 1946

Si Ho Chi Minh et ses compagnons ne se sont jamais fait d'illusions sur la compatibilité de leur projet avec la stratégie française, ils n'ont pas pour l'instant les moyens militaires de la mettre en échec.

Dès septembre 1945, la négociation avec les adversaires, chinois et français (D'Argenlieu et ses conseillers, Jean Sainteny), dont Ho exploite les contradictions, est permanente. Le retrait de la Chine résulte du jeu même des intérêts de la France, qui ne peut affronter en même temps les troupes vietminh et chinoises, et de ceux du gouvernement de Nankin, contraint par l'extension de la guerre civile en Chine (la Mandchourie est conquise par l'Armée Rouge de Lin Biao en février 1946) d'abandonner la partie en Indochine. Les accords franco-chinois du 26 février 1946 prévoient la relève des troupes chinoises par le CEFEO entre le 1er et le 15 mars. Ils ne font même pas état de la RDV...

Tout en essayant de jouer les Chinois contre les Français, Ho Chi Minh a pris soin d'accompagner l'inévitable par une série de ruses et d'ouvertures politiques au nationalisme non communiste, destinées à renforcer l'autorité de la RDV. L'élection de l'Assemblée constituante, le 6 janvier 1946, est un triomphe pour le Viet Minh. Ainsi légitimé par le suffrage, consolidé par la participation des leaders nationalistes (Nguyen Hai Than, Nguyen Tuong Tam) et de personnalités indépendantes (Huynh Thuc Khang, Phan Anh, Vu Dinh Hoe), que double en fait un Comité de la résistance présidé par Vo Nguyen Giap, le nouveau gouvernement de la RDV désigné par l'Assemblée le 2 mars ne peut s'opposer au retour des troupes françaises, mais il est en mesure de le négocier.

La «Convention préliminaire» Ho Chi Minh-Sainteny du 6 mars 1946 reconnaît l'«Etat libre du Vietnam», «faisant partie de la Fédération indochinoise et de l'Union française»; elle prévoit l'ouverture de négociations franco-vietnamiennes sur le futur statut du Vietnam et de l'Indochine, et

l'acceptation par la France des résultats d'un référendum à venir sur la réunion des trois Ky (le Tonkin, l'Annam, la Cochinchine) et la coexistence de garnisons vietnamiennes et françaises au nord du seizième parallèle. La notion d'indépendance n'est pas acquise, mais le faible a réussi, par des moyens politiques, à se faire reconnaître par le fort. Néanmoins, la stratégie hochiminhnienne se trouve prise en défaut, puisqu'il a fallu accepter le débarquement des troupes de Leclerc à Haiphong le 6 mars, puisque le pari sur le conflit franco-américain, explicite dans la déclaration d'indépendance, a été perdu et qu'il n'y a rien à attendre de l'URSS. C'est le face-à-face redoutable avec la France néo-coloniale.

Le deuxième gouvernement provisoire de la RDV à la fin de 1945 (page de gauche) représente un élargissement politique aux nationalistes, de façon à consolider la légitimité nationale du nouveau pouvoir.

Ho Chi Minh reçoit le général Leclerc en présence de Jean Sainteny, commissaire de la République au Tonkin, le 18 mars 1946.

“Souriant, Leclerc, en quelques mots simples et nets, gagne instantanément la sympathie du vieux révolutionnaire trop fin pour ne pas discerner aussitôt, sous le masque austère et énergique du grand capitaine, la sincérité profonde et loyale d'un homme qui, tout au long de ces événements, a su faire la preuve d'une étonnante lucidité politique, et nous buvons, bien entendu, à l'amitié de la France et du Vietnam.”

Jean Sainteny,
Histoire d'une paix manquée

Pendant ce temps, la guérilla continue en Cochinchine (ci-contre, prise d'un fort français par le Viet Minh). A aucun moment, il n'a été question, pour Ho Chi Minh, de céder sur l'unité des trois Ky et d'accepter la division du pays.

Le nouveau pouvoir se veut réformateur : il réduit la rente foncière, abolit la fiscalité coloniale, lance, le 8 septembre, une vaste campagne d'alphabétisation mutuelle (dessin ci-contre). La remise en état de l'hydraulique et la mobilisation des paysans écartent la menace de la famine en 1946.

L'impératif : gagner du temps...

Le temps pour le nouveau pouvoir d'assumer pratiquement les incroyables difficultés du moment, les séquelles de la famine, la terrible crue du Fleuve Rouge d'août 1945, la récolte perdue dans neuf provinces, la sécheresse d'octobre, la faim... D'affirmer son autorité par la substitution des comités populaires aux conseils de notables, par l'élimination du mandarinat et la construction sous l'énergique impulsion de Vo Nguyen Giap d'un

Ho Chi Minh et Sainteny (à droite) dans l'hydravion qui les conduit, le 24 mars 1946, au rendez-vous de la baie d'Along avec l'amiral D'Argenlieu, à bord du croiseur *Emile-Bertin*.

minimum d'ordre administratif, d'une police, d'un embryon d'armée, de milices. De promouvoir enfin un nouveau personnel administratif et politique massivement recruté dans la jeunesse urbaine.

Les nationalistes qui n'en sont qu'à la phase d'implantation de leurs organisations dans un espace social déjà contrôlé par le PCI n'ont pu que se mettre en situation de minorité opposante, pratiquer la surenchère jusqu'auboutiste, multiplier les violences. Ils tiennent la zone Vinh Yen-Lao Cai le long du Fleuve Rouge. En neuf jours, du 18 au 26 juin 1946, ils en sont éliminés par les unités vietminh, perdent Lang Son. Une fois de plus, leurs leaders se réfugient en Chine.

Bac Ho, l'oncle Ho

Le temps gagné, le pouvoir l'utilise à construire les figures de l'unanimité, dans une quête inlassable du consensus national. La plus forte est celle, charismatique, de Ho Chi Minh. Elle résulte de sa propre action personnelle, délibérée : il a parfaitement, intuitivement, assimilé la règle d'or du discours de tout pouvoir national, le langage de l'union, de la communauté, de la patrie. Par là, il rencontre les aspirations, si longtemps frustrées, les rêves des Vietnamiens, devenus nation moderne. Enfin, tandis qu'il formule, produit, codifie le discours national, la presse, la radio et l'édition élaborent, popularisent l'image du frêle président, ce franciscain du communisme, amaigri, toujours souriant dans son costume kaki délavé. Ses premières biographies paraissent; anecdotes, bons mots, messages circulent. Son anniversaire est officiellement célébré dès 1946. Ainsi se mettent en place un mode personnel d'exercice du pouvoir et un statut unique, celui de rassembleur de la nation et de recours suprême, un peu dans la tradition impériale, celui de l'«Oncle Ho».

Le mythe de l'oncle Ho s'édifie. Ho Chi Minh a su, à la différence de tous ses adversaires, capter la vision «familiale» du monde de ses compatriotes. «Bac», le frère aîné du père, est presque à l'égal de ce dernier, la référence identificatrice de la famille. Bac Ho sera celle de la nation. Il consacre une bonne partie de son temps à recevoir d'innombrables délégations, avec une gentillesse jamais lassée, jouant avec les enfants, insistant sur le respect des vertus traditionnelles, économie, labeur, ordre. Son charme personnel, son goût de l'informel, son sens de la blague font merveille. Ses messages ponctuent le temps des fêtes ou le temps politique, s'ordonnant invariablement autour du double thème de l'union de tous et de la tradition patriotique.

Fontainebleau : l'échec du compromis

Le domaine spécial de Ho Chi Minh est celui des Affaires étrangères. Ministère de l'impossible, après le 6 mars. La première conférence de Dalat (17 avril-11 mai 1946) échoue sur la définition de l'indépendance vietnamienne et des compétences de la Fédération projetée, ainsi que sur le statut de la Cochinchine, où se constitue dès le 25 mars, à l'initiative de D'Argenlieu, une République autonome proclamée officiellement le 1er juin. Il s'agit dans l'optique française, du pendant néo-colonial, de l'Etat du Vietnam, tandis que le CEFEO forme sur les Hauts Plateaux du Centre une Région autonome. Pourtant, Ho Chi Minh a réellement joué la carte de la négociation. C'est le sens du long séjour (31 mai-20 octobre 1946) qu'il effectue en France, à l'invitation du gouvernement français, et de la campagne de séduction qu'il y déploie, tandis que se tient la Conférence de Fontainebleau (6 juillet-1er août), pour conquérir l'opinion non communiste à l'idée d'une transition pacifique vers l'indépendance. Fontainebleau achoppe, comme Dalat, sur l'unité du Vietnam et ne débouche que sur la signature in extremis d'un modus vivendi à mettre en œuvre le 30 octobre 1946, prévoyant l'acceptation par le Vietnam de l'Union douanière et monétaire indochinoise et la cessation de toute hostilité en prélude à la négociation d'un traité définitif en janvier 1947. Il semble acquis que Ho Chi Minh a parié sur la montée de la gauche en France à la fin de 1946, mais durant ce voyage, le dernier qu'il fera à l'Ouest, il aura pu évaluer le peu de poids de

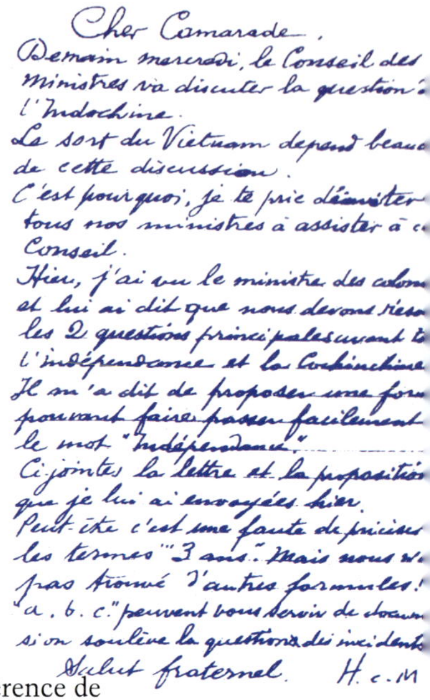
Cher Camarade,
Demain mercredi, le Conseil des
ministres va discuter la question
l'Indochine.
Le sort du Vietnam dépend beau
de cette discussion.
C'est pourquoi, je te prie d'inviter
tous nos ministres à assister à c
Conseil.
Hier, j'ai vu le ministre des colon
et lui ai dit que nous devons réso
les 2 questions principales suivant
l'indépendance et la Cochinchine
Il m'a dit de proposer une for
pouvant faire passer facilement
le mot "Indépendance".
Ci-jointes la lettre et la propositio
que je lui ai envoyées hier.
Peut-être c'est une faute de précise
les termes "3 ans". Mais nous n
pas trouvé d'autres formules!
"a. b. c." peuvent vous servir de docum
si on soulève la question des incidents
Salut fraternel. H.C.M

Sur la plage, à Biarritz, début juin 1946.

la RDV dans les décisions internationales. La reprise des négociations n'aura pas lieu; l'évaluation du rapport des forces en France et de la volonté décolonisatrice de son personnel politique, si hésitant et divisé qu'il ait été, était trop optimiste.

«Un scénario de coup d'Etat»...

A l'automne de 1946, l'échec total de l'autonomisme cochinchinois devant la reprise de la guérilla au Sud, réorganisée par Nguyen Binh, l'avortement prévisible de la Fédération indochinoise, le vote enfin, le 8 novembre, par le parlement de Hanoi où le gouvernement vient d'être remanié, d'une constitution unitaire, amènent le Haut Commissariat et le général Valluy à conclure qu'il faut abattre le Viet Minh au Nord pour réduire la résistance au Sud.

Ho Chi Minh n'en a pas moins persisté à négocier jusqu'au bout. Son but : exploiter les divisions entre Français, jouer le facteur temps pour créer un rapport de force tel que la politique de reconquête leur apparaisse sans espoir, permettre à Giap de préparer

A Paris, Ho Chi Minh adresse au PCF, présent dans le gouvernement Bidault, cette lettre relative à une possible indépendance différée et à la question de l'unité des trois Ky. Celle-ci a été la pierre d'achoppement de la Conférence de Fontainebleau.

Image de la bataille de Hanoi, un mot d'ordre à l'adresse des légionnaires allemands : «Rejoignez notre combat contre les capitalistes français.»

les premières bataillons réguliers. Sauvegarder aussi les chances d'un ultime compromis, que peuvent débloquer la victoire communiste et socialiste aux élections du 13 novembre en France et la formation du gouvernement de Léon Blum le 12 décembre.

Inversement, Valluy et D'Argenlieu, convaincus de la nécessité et de la possibilité de reprendre en main le Nord (ou au moins de rompre l'unité du gouvernement de la RDV) à condition de ne plus tarder, vont prendre les devants. Le 23 novembre 1946, à la suite d'un litige douanier, la flotte pilonne Haiphong, faisant des milliers de victimes. La ville est entièrement réoccupée, de même que Lang Son, clé de la frontière chinoise. Le blocus de la RDV est maintenant en vue.

C'est la montée aux extrêmes, délibérée du côté français. Y-a-t-il eu, du côté vietnamien, divergences au sommet? Ho Chi Minh a-t-il dû céder à la pression d'une tendance intransigeante? Le fait est que le groupe dirigeant vietnamien a conscience de l'inévitable répétition à Hanoi du scénario de Haiphong et active les préparatifs d'une riposte,

Quand s'engage la guerre d'Indochine, le 19 décembre 1946, avec la bataille de Hanoi, le système politique du nouveau Vietnam est pour l'essentiel en place. La pratique du pouvoir s'inspire des modèles soviétique et chinois : peu d'importance donnée aux formes démocratiques et parlementaires, mobilisation des masses dans un réseau diversifié d'Associations de Salut national affiliées au front vietminh, opacité et concentration dans le PCI, dont l'appareil et les effectifs sont en pleine croissance, de tout le pouvoir et de ses excès.

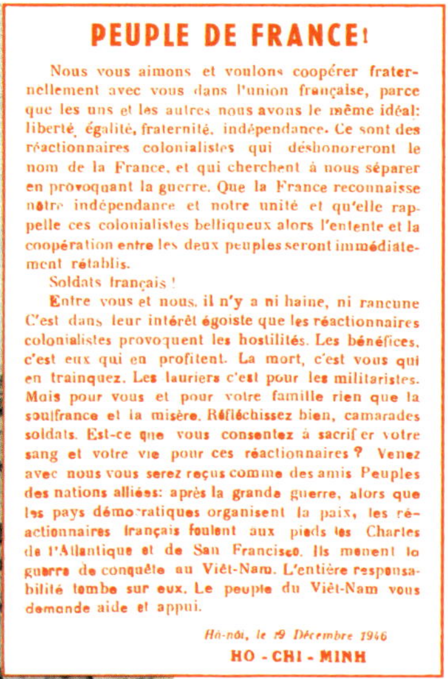

PEUPLE DE FRANCE !

Nous vous aimons et voulons coopérer fraternellement avec vous dans l'union française, parce que les uns et les autres nous avons le même idéal: liberté, égalité, fraternité, indépendance. Ce sont des réactionnaires colonialistes qui déshonoreront le nom de la France, et qui cherchent à nous séparer en provoquant la guerre. Que la France reconnaisse notre indépendance et notre unité et qu'elle rappelle ces colonialistes belliqueux alors l'entente et la coopération entre les deux peuples seront immédiatement rétablis.

Soldats français !

Entre vous et nous, il n'y a ni haine, ni rancune C'est dans leur intérêt égoïste que les réactionnaires colonialistes provoquent les hostilités. Les bénéfices, c'est eux qui en profitent. La mort, c'est vous qui en trainquez. Les lauriers c'est pour les militaristes. Mais pour vous et pour votre famille rien que la souffrance et la misère. Réfléchissez bien, camarades soldats. Est-ce que vous consentez à sacrifier votre sang et votre vie pour ces réactionnaires ? Venez avec nous vous serez reçus comme des amis Peuples des nations alliées: après la grande guerre, alors que les pays démocratiques organisent la paix, les réactionnaires français foulent aux pieds les Chartes de l'Atlantique et de San Francisco. Ils mènent la guerre de conquête au Viêt-Nam. L'entière responsabilité tombe sur eux. Le peuple du Viêt-Nam vous demande aide et appui.

Hà-nôi, le 19 Décembre 1946

HO - CHI - MINH

derrière l'écran protecteur des pourparlers avec les Français. Ces derniers appliquent un scénario identique. Pour éviter toute surprise, le bureau politique a probablement décidé de prendre l'initiative de l'attaque. A Hanoi, le 19 décembre à 20 heures, en dépit des contacts plutôt favorables de la journée, les milices Tu Ve donnent l'assaut – préventivement ? – à un certain nombre de positions et de maisons françaises. A 22 heures, Ho Chi Minh et son gouvernement évacuent Hanoi après avoir adressé un dernier message à Léon Blum et un appel solennel à la résistance : «Que celui qui a un fusil se serve de son fusil! Que celui qui a une épée se serve de son épée! Si l'on n'a pas d'épée, que l'on prenne des pioches et des bâtons! Que chacun mette toutes ses forces à combattre le colonialisme pour sauver la Patrie!» Hanoi est héroïquement défendu par le célèbre Régiment de la Capitale, commandé par Vuong Thua Vu, qui sera la souche de la fameuse Division 308 en 1949. Lorsqu'ils évacuent la ville le 18 janvier 1947, ses hommes écrivent sur les murs : «Nous reviendrons!»

Le monopole du pouvoir ne s'est pas seulement établi par la persuasion, mais aussi par les règlements de comptes, par l'élimination physique des concurrents, par la mise en place, dès la fin de 1945, des premiers camps. Le pluripartisme, à peine advenu, n'aura pas duré plus d'un an. «Peuple et gouvernement, écrit Ho en octobre 1945, doivent former un bloc monolithique.» Dans le mouvement même de la construction nationale, le Parti-Etat fait surface.

« La solution ne pourra être que politique, car la France ne jugulera plus par les armes un groupement de vingt-quatre millions d'habitants dans lequel existe une idée xénophobe et peut-être nationale. Plus l'effort militaire accompagnant notre politique sera puissant, plus cette solution sera possible et rapide. Elle devra consister à opposer au nationalisme vietminh un ou plusieurs autres nationalismes. »

Général Leclerc, 8 janvier 1947

CHAPITRE V

DANS LA PREMIÈRE RÉSISTANCE

Dien Bien Phu, la défaite, la victoire.

Pari apparemment jouable. Après les désistements successifs des Etats-Unis et de la Chine nationaliste, aux prises quant à elle avec la révolution communiste – laquelle, en ces débuts de la guerre civile, ne semble guère en mesure de l'emporter –, comment la République Démocratique du Vietnam et son armée de 60000 va-nu-pieds pourraient-ils résister longtemps aux excellentes troupes professionnelles du CEFEO ? En 1946, l'influence de la Chine semble devoir jouer, comme en 1885, en faveur de la France. Réduit à la guérilla, ramené par quelques coups de boutoir militaires à ce communisme de montagne qu'il était initialement, le Viet Minh n'est-il pas condamné comme l'est à la même époque en Grèce la guérilla rouge de Markos ?

Pari vite perdu : 1947 ne sera pas 1885. Le paramètre chinois du conflit, du reste bien mal évalué par les responsables

D'abord néo-coloniale, la guerre a pour but de défendre les intérêts du capitalisme colonial, de consolider l'Union française et le statut international de la France. Mais dès 1947, elle devient une guerre de décolonisation, dont l'enjeu sera l'avenir des Etats Associés, la structuration sociale et politique du Vietnam indépendant.

français, ne suffit pas. Le facteur vietnamien, encore plus mal évalué par eux, va s'avérer décisif, puisque sa mise en œuvre tenace et rationnelle permet au Viet Minh d'attendre le retournement, après la victoire de Mao, de l'attitude chinoise. Pendant près de huit ans, l'épreuve de force militaire déroule son inexorable logique, entraîne ses acteurs bien au-delà de ce qu'ils pouvaient prévoir.

Dès ses débuts, la guerre d'Indochine est une guerre pour le temps, une guerre politique. Pour chacun des deux adversaires, il s'agit moins de détruire l'ennemi que de le mettre dans l'impossibilité de l'emporter militairement, de créer un rapport de force politique tel qu'il soit contraint à l'abandon. La guerre ne continue plus la politique par d'autres moyens, elle la crée. Pour chacun des deux adversaires, il faut, en conséquence, lui imprimer le rythme et la durée propres à établir cette impossibilité et ce rapport de forces.

Figures banales d'une guerre morte : dans la plaine, au loin, roulent les blindés; sur la digue, le camarade qu'un obus a coupé en deux par le travers. La guerre d'Indochine est désormais la «sale guerre». Le capital abandonne vite la partie : de 1945 à 1949, les actifs des sociétés indochinoises diminuent de 59 %. Dans l'opinion, le malaise s'installe, alourdi par les scandales.

Temps court de la guerre française

Pour le Haut Commissariat, dont les «faits accomplis» n'ont cessé d'être couverts par les gouvernements successifs de la IVe République, dans lesquels le MRP s'est très vite adjugé le contrôle de la politique indochinoise, l'emporter dans les plus brefs délais est l'impératif majeur. Il lui faut en effet au plus vite priver le gouvernement de Ho Chi Minh de toute crédibilité aux yeux de l'opinion vietnamienne et de la classe politique française, rallier l'une et l'autre par glissements successifs à un néo-baodaisme

que D'Argenlieu, son successeur Emile Bollaert, et le général Valluy entreprennent de construire dès mars 1947. Mais six mois plus tard, après le demi-échec de l'opération Léa sur la région de Bac Can où s'était installé le gouvernement de Ho Chi Minh, le commandement français doit déchanter. Le CEFEO n'est pas en mesure de briser par le coup de poing au sommet l'appareil du Viet Minh, et la réoccupation réussie des axes routiers qui unissent le delta du Fleuve Rouge à la frontière chinoise ne fait qu'étirer son dispositif sans permettre la reprise en main de la population.

C'est l'enlisement, à double titre. Militaire, dans

La rivière n'est pas neutre. La guerre fluviale, que mènent les 12 Divisions navales d'assaut, commande les deltas, espaces logistiques des Français, bases vitales du Viet Minh, front principal pour de Lattre. La ligne fortifiée que ce dernier a fait construire en 1951 sur 100 kilomètres autour du delta du Fleuve Rouge et les 80 000 hommes du CEFEO qui y sont immobilisés n'auront pas permis de réduire les guérillas vietnamiennes et le réseau politique clandestin qui y opèrent, omniprésents.

Ho Chi Minh rend visite en 1950 à une unité qui va participer à la Campagne de la Frontière (ci-contre). Contact familier avec les hommes, encore éloigné du cérémonial des parades militaires classiques (à gauche, une revue de la Légion étrangère à l'aéroport de Saigon en 1947) et des défilés à venir.

L'Indochine est un gouffre à soldats. Le CEFEO (200 000 hommes en 1952) ne comporte que des troupes de métier, métropolitaines pour 35 % des effectifs, et coloniales, complétées par un recrutement local pour le reste.

l'insoluble dilemme stratégique de l'état-major, coincé entre le choix d'une stratégie de quadrillage, d'une guerre de postes, qui disperse ses forces et lui interdit toute offensive décisive, et l'option en faveur d'une guerre de mouvement inconciliable avec l'occupation du pays réel. Politique, dans l'impossible choix entre la poursuite du dessein néo-colonial de la Fédération indochinoise, qui interdit tout compromis avec le nationalisme vietnamien, et l'acceptation de l'indépendance, d'une décolonisation effective qui irait à l'encontre du grand projet néo-colonial de l'Union française. Au milieu de 1947, il n'est encore question pour Paris, à la recherche de partenaires anticommunistes, que d'octroyer l'autonomie dans un cadre territorial toujours divisé. Le principe de l'indépendance dans l'unité du pays, réclamée par Bao Dai, ne sera accepté que le 5 juin 1948, à moins d'un an de la chute de Shanghai (5 mai 1949).

A la fin de 1953, réunis autour de la carte des opérations, Pham Van Dong, Ho Chi Minh, Truong Chinh et Vo Nguyen Giap.

Guerre longue vietnamienne

Pensée comme telle, assumée sous la forme d'une guérilla omniprésente, elle passe par d'incessantes opérations de partisans, pour protéger les jungles du Viet Bac, peuplées d'ethnies minoritaires ralliées au Viet Minh, et pour étendre le territoire de la RDV en direction du pays thaï au Nord-Ouest, vers lequel a lieu une première offensive vietminh au printemps de 1948. Pour engluer le CEFEO et ses supplétifs vietnamiens, l'épuiser dans son combat sisyphéen en vue de préserver son réseau de communications, paralyser ses offensives qui souvent frappent dans le vide.

En toile de fond de la guérilla, se déploie une inventivité de tous les instants, indispensable palliatif aux innombrables pénuries; une «économie de guerre paysanne» se met en place de façon systématique, tournée vers la recherche de l'autosuffisance des zones libérées et d'échanges occultes de riz et de produits industriels entre elles et les deltas. La fabrication locale de médicaments, de pénicilline, d'armes à l'aide des machines évacuées des villes est méthodiquement organisée, sous la direction du remarquable ingénieur Tran Dinh Nghia qui met au point la fabrication des bazookas, de même que la minutieuse organisation d'une formidable logistique populaire (le *dan cong),* à base de portage pédestre ou cycliste et de transports par sampans.

Clé de la capacité à résister, la mobilisation permanente de la paysannerie et du peuple urbain dans le cadre des grandes campagnes d'émulation patriotique qui impliquent chacun. La première est lancée en juin 1948 par Ho Chi Minh sur le triple mot d'ordre «battre la famine, battre l'ignorance, battre l'envahisseur». Plus encore qu'en 1945-1946, la politique révolutionnaire investit le village où les Comités Administratifs de la Résistance se sont substitués aux anciens conseils de notables. Le personnage décisif est le «cadre» *(can bo)*

Leitmotiv de Ho Chi Minh : «La longue résistance vaincra!» En ne comptant que sur ses propres forces en attendant l'aide chinoise. Truong Chinh avance en 1947, dans *La Résistance vaincra,* le schéma maoïste de la guerre révolutionnaire : phase de la guérilla généralisée, encore défensive; phase de l'équilibre des forces, marquée par la création d'unités régulières aptes à la guerre de mouvement; phase finale des grandes offensives régionales. La résistance est menée de manière décentralisée selon la stratégie de mobilité extrême mise en œuvre par Vo Nguyen Giap, commandant en chef depuis 1948, dans le cadre des six Interzones et des quatre types de situations possibles : régions entièrement libérées, bases de guérilla constamment exposées aux raids ennemis, zones de guérillas toujours disputées, zones ennemies.

Ci-dessus, un atelier de production dans les maquis du Viet Bac.

qu'Ho Chi Minh aime interpeller.

Thèmes dominants du discours normatif de l'infatigable éducateur collectif qu'il entend être, la «grande union», l'éloge des «quatre vertus révolutionnaires : travail, économie, intégrité, droiture», la valeur de l'éducation, matrice de l'homme nouveau vietnamien. «Rappelons-nous le précepte du Sage [Confucius], proclame-t-il à la fin du *chinh huan* («cours politique») réservé aux intellectuels, le 25 septembre 1953 : "Réaliser la droiture du cœur et se perfectionner moralement" pour "bien gouverner l'Etat et instaurer la paix dans le monde". Réaliser la droiture du cœur, se perfectionner moralement, c'est se réformer. La réforme morale est aussi longue et âpre : c'est une révolution intérieure en chacun de nous.» Un Etat d'une extrême efficience, dont les urgences du combat national justifient, même aux yeux des anticommunistes, le sévère façonnement. C'est dans ces si dures années de sacrifices et d'héroïsme que le couple Parti-Nation a probablement atteint sa crédibilité maximale.

Routes minées, embuscades, postes harcelés, bataille permanente pour le contrôle du riz et des villages, soldats contre maquisards. «Aujourd'hui, c'est bien la sauterelle qui se mesure avec l'éléphant. Mais demain, l'éléphant perdra ses tripes».

Des militantes arrêtées.

Août 1949-octobre 1950, le tournant du conflit

Vo Nguyen Giap, Jean de Lattre de Tassigny. Deux destins qui en 1951 se croisent : celui du brillant juriste de Hanoi improvisé général de la Révolution, celui du fulgurant homme de guerre chargé, avec une équipe de qualité, de redresser une situation desespérée. La guerre du peuple contre la guerre classique.

L'équilibre des forces s'inverse, l'initiative stratégique change de camp. Trois faits majeurs interviennent en effet. Tout d'abord, la Résistance est maintenant en mesure de mettre sur pied de grandes unités régulières à partir de l'été 1949. En second lieu, l'Armée populaire chinoise, victorieuse sur tous les fronts de la guerre civile, parvient à la frontière du Tonkin le 10 décembre 1949. Le 1er avril 1950, un accord d'aide sino-vietnamien est conclu, le matériel chinois – des mitrailleuses de 12,7 aux canons de 75 – commence à arriver en août. Sans le soutien chinois, la RDV ne pouvait gagner la guerre. La victoire devient possible. Ce que confirme le troisième événement, sans doute le plus décisif de la guerre, la Campagne de la Frontière (septembre-novembre 1950).

Terrible défaite du CEFEO – neuf bataillons anéantis –, qui perd toute prise sur les 750 kilomètres de la frontière chinoise, le long de laquelle s'était joué soixante-quinze ans plus tôt le sort de l'indépendance vietnamienne. Impossible pour les Français de vaincre désormais, 1885 est effacé.

“C'est dans le delta du Tonkin que le «pourrissement» était le plus accusé. Il y avait pris des proportions gigantesques. Il existait à l'état-major de Hanoi une carte des zones d'implantation adverses [à la date de 1952]. En blanc, celles où nous étions les maîtres. C'était moins d'1/4 de la carte : nos grandes villes et leurs abords immédiats, nos axes de communication, et certaines zones du sud (l'évêché de Phat Diem) et du nord-ouest (Son Tay, Ha Dong). En rose, les régions contestées entre nous et le Viet Minh : 1/4 à 1/3. En rouge, enfin, celles où le Viet Minh était le maître absolu. Elles occupaient plus de la moitié de la carte. L'aspect de ce document était tel qu'on le présentait aux visiteurs sous le nom de «carte-vérole».”

Général Navarre, *Agonie de l'Indochine*

L'Indochine, front militaire de la guerre froide

En un an, les perspectives et le sens du conflit viennent de changer.

L'impérialisme français, pour la première fois défait par ses colonisés, est maintenant en position défensive. Certes, le CEFEO est encore en mesure, sous l'énergique impulsion de De Lattre et de son équipe, de briser les offensives de Giap et d'obtenir les succès tactiques de l'année 1951 (batailles de Mao Khe, du Day, de Hoa Binh), mais l'impossibilité pour la France de gagner condamne sa politique à s'insérer dans la stratégie américaine du «Containment», de l'endiguement des révolutions communistes en Asie. La guerre de Corée en offre l'occasion.

C'est le sens de l'action de De Lattre : vietnamiser la guerre, l'américaniser. «Une fois perdu le Tonkin, lance-t-il à Washington en septembre 1951, il n'y a plus de barrière avant Suez.» Dès 1952, les Etats-Unis fournissent gratuitement 94 000 tonnes de matériel; en 1953, ils ont en charge 40 % des dépenses.

La RDV, quant à elle, est devenue l'avant-poste du «camp socialiste», dont le soutien (environ 1 000 tonnes de matériel militaire par mois en 1953, d'origine chinoise principalement) va lui permettre d'armer 400 000 hommes et de mener une guerre mixte faite d'opérations conventionnelles et de guérilla – dans le delta du Nord notamment, où 60 000 hommes harcèlent les 900 garnisons françaises – et de grandes offensives. La guerre n'est plus inégale. A partir de mai 1953, l'état-major de Giap détient l'initiative stratégique. La reconquérir sera la raison d'être du plan Navarre adopté en juillet.

A partir de 1951, la CEFEO emploie le napalm. Ci-dessus, un combattant du Viet Minh a brûlé comme une torche.

« Ho Chi Minh 10 000 ans! » L'Oncle concentre désormais un potentiel symbolique incontesté, son nom est affiché à l'entrée de tous les villages des zones vietminh.

Les effets de cette internationalisation sont considérables, ses servitudes aussi. Elle permet à la RDV de dépasser le stade de l'Etat maquisard, de faire sa percée sur la scène internationale : la Chine et l'URSS la reconnaissent quelques semaines avant que les Etats-Unis ne cautionnent le régime de Bao Dai. Le processus commencé en 1941 s'achève : la révolution s'est faite Etat et, du même coup, doit s'intégrer dans les grands réseaux d'alliance qui se partagent les Etats. La survie est à ce prix face à la menace du pouvoir anticommuniste de Bao Dai soutenu par les Etats-Unis. Ho Chi Minh et ses camarades vont assumer ses implications, d'autant plus aisément qu'ils n'ont probablement jamais envisagé d'autre développement, de type neutraliste par exemple. Ho est l'analyste et le stratège du processus en cours, le mieux à même de négocier le nouveau rapport à la Chine, de vietnamiser le modèle maoïste de la guerre révolutionnaire.

Dien Bien Phu, Genève

L'aide sino-soviétique crée les conditions des trois grandes

offensives qu'en septembre 1953 le Bureau politique décide d'entreprendre en direction de Lai Chau et de Phong Saly dans le nord du Laos, vers Thaket, Savannaket et Attopeu au centre et au sud, et sur tous les fronts de guérilla. Le général Navarre et son état-major choisissent en novembre d'y répondre par l'aménagement de la base aéroterrestre de Dien Bien Phu puis, le 3 décembre, d'en faire l'invulnérable camp retranché où viendra se briser le corps de

En 1950, 3000 experts chinois arrivent au Viet Bac; le premier duel d'artillerie a lieu à Dong Khe. En 1951, la puissance de feu de l'ALV approche celle du CEFEO (ci-dessus un tir français de 155).

CE SOIR COURSES VINCENNES

EDITION SPECIALE

France-soir

CHAMBRE SALLE A MANGER

ENFANTS CHAPELLE

DERNIÈRE ÉDITION

DIEN-BIEN-PHU EST TOMBÉ

bataille de Giap. Il s'agit de bloquer l'offensive du Nord-Ouest et de préparer par une victoire la future négociation, annoncée pour février 1954.

Giap dispose des forces nécessaires pour l'emporter dans ce «Verdun indochinois», à condition de ne pas commettre l'erreur des assauts en masse par vagues successives préconisés par les experts chinois. La concentration en un temps record de ces moyens, de l'artillerie surtout, infirme toutes les prévisions françaises et crée la surprise le 13 mars 1954 lorsque l'artillerie vietnamienne détruit en quelques heures le mythe de la supériorité du feu français. La tactique de l'encerclement du dispositif français par la progression savante d'un dense réseau de tranchées, la qualité des combattants, la compétence du commandement vietnamien font le reste.

La stratégie de Dien Bien Phu n'est pas séparable des initiatives diplomatiques. Une formidable préparation d'artillerie par cent canons de campagne

Contre les 16000 soldats de Dien Bien Phu et leurs 60 canons lourds, Giap aligne 144 pièces lourdes et 51000 hommes; 20000 vélos et 260000 porteurs convoient matériel et vivres sur 700 km.

ouvre l'attaque décisive sur ce qui reste du camp le 1er mai, à huit jours de la Conférence de Genève sur l'Indochine, qui débute le 8 mai, le lendemain de la reddition de la garnison. Eclatante victoire qui sonne le glas de la colonisation sur toute la planète.

La RDV ne sera pourtant pas en mesure d'en tirer tous les bénéfices. A Genève, les grandes puissances reconnaissent l'indépendance et l'unité du Vietnam. Mais – revers d'une victoire – la RDV doit céder aux pressions de l'Union soviétique et surtout de la Chine, l'une et l'autre acquises, dès l'arrivée de Mendès France à Genève le 23 juin, à l'idée d'un partage du pays. L'accord du 20 juillet fixe au dix-septième parallèle la ligne de démarcation militaire provisoire, de part et d'autre de laquelle doivent se regrouper les forces armées de la RDV (au nord) et de l'Union française (au sud) et impose l'évacuation du Cambodge et du Laos par les maquisards.

La réunification du Vietnam est remise à des élections prévues pour juillet 1956, que prépareront, à partir du 20 juillet 1955, des pourparlers entre la RDV et le gouvernement de Ngo Dinh Diem que vient de désigner Bao Dai. Tout en s'engageant à ne pas gêner l'application de l'accord, les Etats-Unis et leur allié, Ngo Dinh Diem, ne l'ont pas signé. Genève, une simple pause dans la guerre longue...

Depuis 1950, l'influence chinoise sur le Parti vietnamien ne cessc de grandir. A son IIe Congrès (1951), le PCI devient un simple Parti des Travailleurs. En 1952, commencent les cours politiques imités des pratiques chinoises. En 1953, le Parti adopte une ligne de réforme agraire radicale. Dès avant la victoire, la RDV conçoit son avenir sur le modèle chinois.

L'entrée de l'Armée de Libération à Haiphong, fin 1954. Auparavant, à Genève, la RDV a dû renoncer à ce que la ligne de démarcation soit fixée au 13e parallèle, à la suite des pressions de Zhu En-lai, que Ho Chi Minh a rencontré du 3 au 5 juillet.

USA
3

Illusoire espérance de paix, brève rémission dans la dynamique de la violence, en rien sa rupture, la négociation de Genève a certes permis à la RDV de reprendre souffle après la tension à l'extrême de ses forces : l'Armée populaire, épuisée par sa retentissante victoire, n'est de toute façon guère en mesure de poursuivre l'offensive. Mais, du coup, Genève permet la mise en place à Saigon d'une alternative anticommuniste au baodaisme…

CHAPITRE VI

D'UNE GUERRE À L'AUTRE

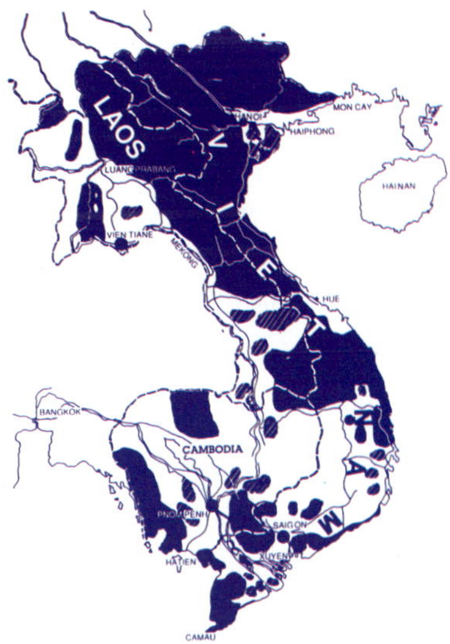

Sur les murs de ce paisible village catholique du Nord, l'appel à la «Seconde Résistance». Elle était virtuellement inscrite dans l'implantation déjà très dense du Viet Minh au Sud en juillet 1954. En couleur, sur la carte, les zones vietminh; en blanc, l'espace contrôlé par le gouvernement du Sud.

Hier démembré, le Vietnam est maintenant disloqué entre le Parti-Etat, solidement installé au nord du dix-septième parallèle, et l'Armée-Etat, que Washington cherche à enraciner au sud, irréductiblement antagonistes. Un Vietnam, deux Etats : en perspective, la partition.

La RDV, un modèle pour le futur (1954-1965)

Généralisées en quelques années dans l'espace exigu du Nord (19,9 millions d'habitants; 2,3 millions d'hectares en 1960), les structures de l'Etat-Parti ont longtemps fait figure de modèle possible de sortie du sous-développement. Elles n'en ont pas moins rencontré, dans un contexte d'immense pauvreté, de fortes résistances, celles que suscite chez les paysans la réforme agraire de 1955-1956 ou qu'exprime le groupe d'intellectuels, souvent issus de l'armée – l'essayiste Phan Khoi, le philologue Da Duy Anh, le philosophe Tran Duc Thao, le biologiste Dang Van Ngu, etc. – qui lance en 1956, à l'exemple des Cent Fleurs chinoises, plusieurs périodiques indépendants, en particulier *Nhan Van* («Humanisme»). Contestation en termes mesurés mais fermes du monopole culturel du Parti, aspiration à un socialisme pluraliste et démocratique : la démocratisation du Nord, possible réponse au diémisme, va-t-elle ouvrir une voie pacifique et neutraliste vers l'unité du Vietnam?

Il n'en a rien été. La réforme agraire puis la collectivisation ont été menées à bien; l'opposition intellectuelle est progressivement brisée entre 1956 et 1958. La question de la démocratie se trouve – une fois de plus – ajournée par la reprise de la guerre.

Le Président-Oncle

Dans cet interlude entre deux résistances, la figure historique de Ho Chi Minh est plus que jamais la

Images du Président, destins de la RDV. L'armée monte en puissance. La réforme agraire, généralisée par la loi du 14 juin 1955 révolutionne les campagnes. Rupture brutale de la société rurale : dénonciations collectives des propriétaires ou prétendus tels, exécutions (au moins 5000 à 15000 cadres tués), condamnations par milliers. L'opposition passive des villages, puis la révolte paysanne en novembre 1956 au Nghe Tinh contraignent le Parti à réhabiliter bon nombre de victimes. Mais la collectivisation est en marche.

référence centrale de la culture politique vietnamienne. Chef de l'Etat, secrétaire général (de 1956 à 1960) puis président du parti, il est le point nodal du groupe dirigeant dont il assure la cohésion et l'exceptionnelle stabilité, le promoteur du pragmatisme contre le dogmatisme utopique, les deux seuls voies possibles d'un système de parti unique. Axiome de son discours politique, palladium de la bureaucratie, l'identité du combat du parti et du sort de la patrie, l'héroïsation permanente de la tradition, son incessante «invention», à laquelle se consacre la jeune école historique vietnamienne. Mais au-delà de cet unanimisme – à long terme source de paralysie intellectuelle, d'infantilisation et de suridéologisation de la vie sociale –, l'Oncle reste

Le Ier quinquennat (1961-1965) oriente l'investissement et l'aide accrue de l'URSS (1/2 milliard de dollars de 1955 à 1965) et de la Chine vers la construction d'une industrie lourde. Collectivisation, industrialisation, planification élargissent les bases sociales d'une bureaucratie dont le Parti élabore la vision du futur et concentre les intérêts.

un acteur décisif, celui qui, plus qu'aucun autre dirigeant communiste, aura pensé et assumé la dimension internationale du devenir national.

L'anti-Ho Chi Minh, Ngo Dinh Diem (1901-1963), président de la République du Vietnam. Si l'homme est intègre, son clan catholique accapare un pouvoir que ronge la corruption.

«La frontière des Etats-Unis se prolonge jusqu'au dix-septième parallèle» (Ngo Dinh Diem, 13 mai 1957)

La guerre reprend en 1955, quand le gouvernement de Ngo Dinh Diem, après avoir rejeté, le 9 août, les propositions nord-vietnamiennes d'une concertation en vue des élections prévues par les Accords de Genève pour juillet 1956, éliminé Bao Dai et doté le Sud d'une Constitution républicaine, entreprend de s'imposer dans l'état-major, dans l'appareil policier et dans les provinces. Conseillé par les experts américains (le colonel Landscale, le général Collins), le régime diémiste ne parvient à se construire que dans une double confrontation violente avec les sectes du Sud qui reprennent le combat en 1956 et avec la gauche communiste. Répressions, exactions policières, ratissages de l'armée acculent cette dernière à l'autodéfense armée dans le cadre d'un Front National de Libération du Vietnam du Sud (FNL) constitué en mars 1958.

Après le massacre du camp de Phu Loi le 1er décembre et l'adoption par Saigon de la loi anticommuniste 10/59, le XVe plénum du

Comité central décide secrètement en janvier 1959 de relancer la lutte armée au Sud sous la forme d'un soulèvement populaire formellement indépendant et non d'une guerre conduite, à la coréenne, par le Nord. Le 20 décembre 1960, le FNL est officiellement créé avec diverses personnalités du Sud.

L'escalade

La seconde résistance commence, la plus dure. Les maquisards du FNL, vite maîtres d'une partie importante du territoire, mettent en échec le plan de contre-insurrection du général Taylor qui déplace les paysans dans 7 000 «hameaux stratégiques», infligent une grave défaite à l'armée de Diem, à Ap Bac en janvier 1963. L'opposition urbaine se mobilise. Ce sont, en mai, l'explosion des manifestations bouddhistes, les suicides de bonzes, l'isolement du régime, son renversement par le coup d'Etat militaire du 1er novembre, puis l'assassinat des frères Diem.

Une seule issue, dès lors, pour l'administration du président Johnson et l'équipe de Mac Namara en charge du Pentagone : engager directement au Sud le corps de bataille américain dans le but d'enrayer la montée du neutralisme

Jamais les régimes du Sud n'ont réussi à exister sans l'appui de Washington (ci-contre, un conseiller américain en opérations) et à créer autour d'eux un consensus minimal. L'opposition neutraliste prend les proportions d'un raz-de marée avec les manifestations bouddhistes, de 1963 à 1966 (à gauche, la crémation protestataire d'un bonze). Dans la guerre idéologique, Saigon n'a su brandir que l'argument de l'anticommunisme (sur l'affiche ci-dessus, «L'indépendance et la liberté à la manière communiste»). En réponse à la demande nationale des Vietnamiens, Ho Chi Minh et ses camarades ont manié le thème autrement redoutable de la «Grande Union».

Les GI'S dans la forêt inondée : l'enlisement, version américaine.
L'Amérique de Johnson engage en 1965 toute sa puissance : 542 000 hommes (chiffres d'avril 1969), la VIIe Flotte, ses avions et ceux des bases thaïlandaises, jusqu'à 1200 à la fois. «Rolling Thunder», tonnerre roulant sur le Vietnam, qui recevra 15 millions de tonnes d'explosifs, le record de l'histoire. Faible, très faible efficacité du rouleau compresseur américain face à une société de paysans qui s'enterre, disperse à la campagne ses usines, ses écoles, ses hôpitaux, et qu'approvisionnent l'URSS et la Chine. Après 1968, Washington est paralysé par la décomposition morale de ses troupes, par l'opposition de sa jeunesse, par la division de la société, par la réprobation mondiale. Par l'impossibilité de gagner. L'Amérique vacille sur ses bases.

bouddhiste, de combler le vide politico-militaire, le temps que l'ambassade américaine et la CIA élaborent une nouvelle alternative anticommuniste à partir du fragile appareil de l'armée. Il faut sept putschs militaires en 1964-1965 pour qu'émerge le régime du général Nguyen Van Thieu. Frapper simultanément au Nord pour affaiblir militairement l'insurrection au Sud, même calcul que celui de D'Argenlieu en 1946, même échec en perspective...

Après l'incident naval du golfe de Tonkin le 2 août 1964, l'aviation américaine commence le bombardement du Nord le 7 février 1965.

Le faible contre le fort

Le Vietnam tient, mais au prix de pertes effroyables – on a pu avancer le chiffre de 2313000 victimes physiques, tués et blessés, de 1961 à 1975 – et de la néantisation sociale du Sud. Il tient par une mobilisation sans précédent au Nord comme au Sud, par l'efficacité du couple Parti-Etat, d'un communisme de guerre qui, pour la seconde fois, face à la nouvelle domination étrangère, s'identifie à la nation. A aucun moment, dans les rizières et les jungles du Sud, les offensives du général Westmoreland et de son successeur, le général Abrams, contre les bases vietcong (le FNL) ne parviennent à emporter la décision. Par-delà l'héroïsme, c'est sur le terrain de la légitimité nationale que s'est peut-être déroulée la lutte décisive. En dépit de leurs dénégations, les régimes successifs du Sud, répliques posthumes de la République cochinchinoise de 1946, ont été aux yeux de l'opinion ceux de la division du pays, tandis que la RDV jouait la carte de la réconciliation nationale. Après 1963, à aucun moment, le pouvoir militaire n'a réussi à se laver de sa tâche originelle de «pouvoir-client de l'étranger». La logique à l'œuvre reproduit celle de 1946, mais à une autre échelle. L'Histoire bégaie...

La légitimité, la RDV et le FNL l'ont vite conquise sur la scène mondiale. Ho Chi Minh devient vers 1965 l'un des héros de la jeunesse occidentale, de l'*anti-war movement* grandissant aux Etats-Unis. Toute son activité publique, messages, rencontres, est pensée dans la logique du communisme national, comme formulant en termes d'union patriotique la nouvelle «marche vers le Sud».

Pour chaque Vietnamien, pour la nation, la question de la survie est posée. Les structures et la discipline du Parti-Etat l'assument, du moins au Nord et au Sud dans les zones du FNL. Leur cohésion permet d'organiser l'intense mobilisation, l'abnégation quotidienne de la paysannerie (ci-dessus la «logistique cycliste» de l'Armée populaire, ci-dessous les *bo doi* en marche sous la lune). Le communisme vietnamien y reçoit une deuxième légitimation.

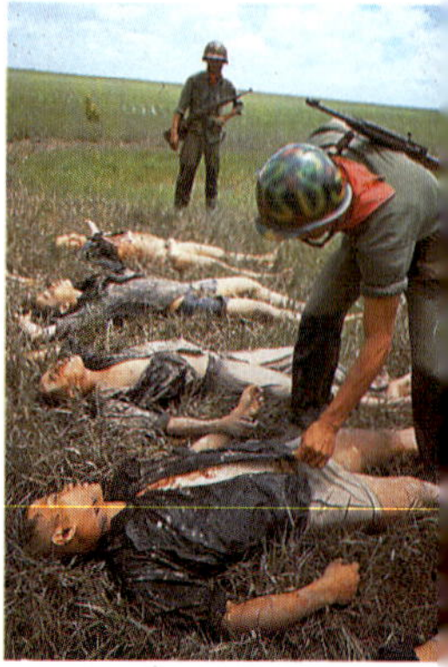

Entre Krouchtchev et Mao

Ho est plus particulièrement l'homme des contacts parallèles avec les Etats-Unis (par J. Sainteny en juillet 1966, par R. Aubrac un an plus tard) qui vont amorcer la négociation de Paris en 1968. Mais il est bien davantage celui de la diplomatie secrète qui a préparé et accompagné la reprise de la lutte, brisé le relatif isolement de la RDV, obtenu l'aide militaire de la Chine et de l'URSS (une dizaine de milliards de dollars de 1966 à 1975) sans laquelle il n'était pas concevable de résister à l'Amérique.

Il s'est agi tout autant d'éviter que la RDV ne soit broyée dans le conflit sino-soviétique et mise en tutelle par une Chine populaire dont la péninsule indochinoise est le seul champ d'expansion possible. Le choix vietnamien? S'efforcer de ne pas choisir... Contrebalancer, au prix d'une subtile navigation à vue entre les deux antagonistes, l'influence du maoïsme au sein du Parti par l'alliance soviétique, contraindre Moscou et Pékin à soutenir Hanoi en exploitant l'impossibilité où ils se trouvent de l'abandonner sous peine de perdre la guerre idéologique qui les oppose. Diplomatie de la corde raide, que Ho est le seul des leaders vietnamiens à pouvoir assumer, qui parvient à empêcher l'irréparable choix et, même en pleine Révolution culturelle maoïste, à prévenir toute rupture avec la Chine.

Le souvenir de Dien Bien Phu hante l'état-major américain. Plei Me (1965), le «Triangle de fer» au nord-ouest de Saigon, «Junction city» à la frontière khmère, Dak To, en 1967 : les grandes batailles de la guerre américaine se déroulent d'abord sur les Hauts Plateaux. Au Têt 1968, le 30 janvier, commence l'offensive générale des troupes du FNL et du Nord contre les villes. Saigon est attaquée, l'ambassade américaine investie, Hué presque prise. L'offensive n'est brisée qu'à la fin février. Son coût : 700000 réfugiés, 40000 soldats vietnamiens et 2000 américains tués. Le FNL a démontré qu'il pouvait attaquer partout à la fois, mais ses troupes ont été décimées.

Le moment de la négociation est arrivé. Elle durera quatre ans, à Paris, pendant que la guerre se poursuit. Une guerre que l'US Army ne peut plus gagner. Vaincue politiquement, l'Amérique se retire en 1973. La conquête du Sud par l'armée du Nord devient possible. En deux mois, au printemps de 1975, les blindés du Nord sont à Saigon. Les hélicoptères de l'US Army opèrent une dernière fois, dans une fantastique panique, pour évacuer Américains et hauts responsables du Sud. Le Vietnam de l'Amérique s'achève sur un humiliant «Sauve qui peut». La place est libre pour Pékin...

Après Ho Chi Minh, quel Ho Chi Minh?

Jusqu'en 1969, il a conservé, semble-t-il, l'essentiel de ses activités. Probablement malade depuis 1965, soigné depuis le printemps 1967 par des équipes médicales chinoises, il a pu voir le demi-succès de l'offensive du Têt (janvier-mars 1968), l'ouverture de la Conférence de Paris (10 mai 1968), les débuts du face à face entre Henry Kissinger, le bras droit du nouveau président Richard Nixon, et Le Duc Tho, les représentants de la RDV, du FNL et la délégation du Sud Vietnam, mais il n'en connaîtra pas l'issue.

Ho Chi Minh meurt le 2 septembre 1969 à 9 heures 47. La spirale de la guerre conjuguée à la négociation emportera encore le Vietnam plus de trois années durant jusqu'aux

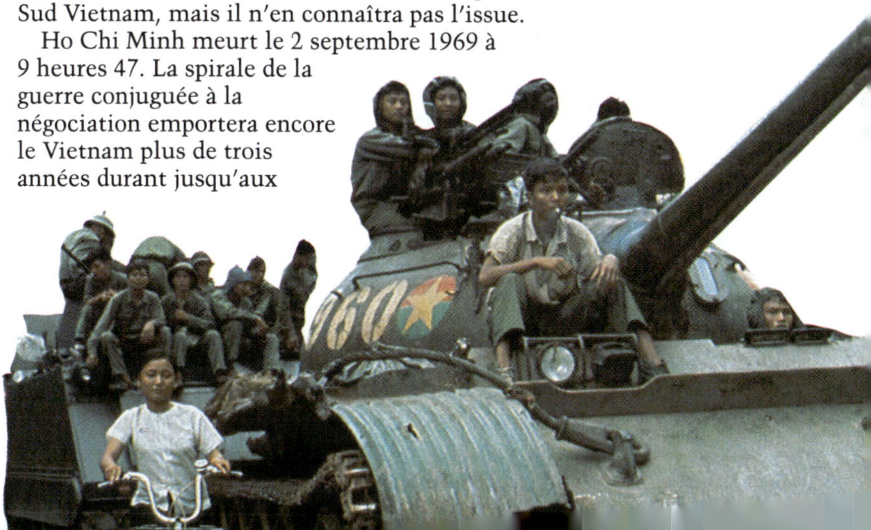

Le rêve d'immortalité de la classe politique aura été plus fort que le désir de repos du vieil homme. Ci-dessous, le mausolée de Ho Chi Minh à Hanoi, à droite, sa statue colossale.

Accords de Paris de 1972, s'apaisera quelque temps pour reprendre dès que la conjoncture deviendra favorable. Ce sera Watergate et la démission de Nixon, l'offensive finale des troupes de la RDV en mars 1975, la «Campagne Ho Chi Minh» – «le couronnement de la guerre», selon le mot de Pham Van Dong –, la prise de Saigon le 30 avril 1975. L'a capitale du Sud devient alors Ho Chi Minh-Ville et, le 2 juillet 1976, l'Assemblée nationale élue en avril proclame la création de la République Socialiste du Vietnam. Mais à peine le projet historique de Ho Chi Minh semble-t-il accompli que, déjà, la guerre avec les Khmers rouges et la Chine s'annonce. Nulle victoire n'est définitive...

La disparition biologique de Ho aura porté le mythe de l'Oncle à son apogée. Un mythe utilisable par le pouvoir communiste au gré des conjonctures. L'annonce de sa mort est retardée de vingt-quatre heures et la date du 3 septembre est officiellement annoncée pour ne pas assombrir la fête nationale. Le Bureau politique remanie le testament que Ho Chi Minh a rédigé en mai 1965 à l'aide de ses variantes ultérieures de 1968 et de 1969, en force le didactisme. Son vœu, très digne, d'être incinéré, bien dans la manière de l'homme, est tu : embaumé, le corps visible de l'Oncle devra entrer dans le pharaonique mausolée déjà projeté... Ses funérailles obéiront au rituel solennel des convois funèbres des «guides géniaux» d'un autre âge.

Fragile destin pourtant que celui de ce mythe d'Etat, incertaine espérance de vie de ses vertus protectrices d'un régime devenu moins solidaire au-delà de 1975 et qui ne parviendra jamais à susciter un réel consensus. D'un pouvoir pour lequel le problème

de la légitimation ne se pose plus dans les termes de la lutte nationale, mais dans ceux du développement et de la démocratie.

Les mythologies meurent aussi...

En 1990, alors que se célèbre le centenaire officiel de l'Oncle Ho, la formule politique de l'existence nationale qu'il a léguée achève de s'user. A l'évidence, celle du futur est à inventer. Peut-être dans la ligne de pensée démocratique qui était celle, vers 1919, de Phan Chau Trinh et de son jeune élève Nguyen Ai Quoc... Une nouvelle société a surgi, de moins en moins concernée par la vision de l'histoire de Ho Chi Minh d'un Vietnam «contribuant dignement à la révolution mondiale». Si la probabilité existe que ses cendres soient modestement mises en terre sur trois collines, au Nord, au Centre et au Sud, conformément à son ultime volonté, on ne peut plus exclure aujourd'hui qu'elles le soient, demain, dans l'indifférence.

«Après ma mort, il faut éviter d'organiser de grandes funérailles pour ne pas gaspiller l'argent et le temps du peuple. Je demande que mon corps soit incinéré. Mes cendres seront divisées en trois parties, mises dans trois boîtes en grès, une pour le Nord, une pour le Centre et une pour le Sud. Au-dessus de la tombe, il ne faudra ériger ni stèle en pierre, ni statue en bronze, mais construire seulement une maison bien simple, vaste, solide et aérée comme lieu de repos pour les visiteurs. Chaque visiteur plantera un ou deux arbres en guise de souvenir. Avec le temps, les arbres formeront une forêt.»

ESSO

TÉMOIGNAGES ET DOCUMENTS

Père et fils…

Il est difficile d'obéir, à propos de Ho Chi Minh, au programme que Littré assignait à la biographie : «sorte d'histoire qui a pour objet la vie d'une seule personne», encore moins de prétendre décrypter le personnage. Accéder au rang des hommes illustres suppose de s'effacer comme individu.

Candidat aux concours littéraires

Tout mythe se nourrit de mystère. Au reste, il n'est pas dans la tradition confucéenne que le «moi» s'exhibe publiquement. La pratique révolutionnaire, comme l'exercice du pouvoir, supposent le secret et l'obscurité. Ho Chi Minh a d'autant plus cultivé l'incertitude sur son passé, sa personnalité intime, que l'épuration du réel est constitutive de toute mythologie nationale. La nouvelle identité nationale des Vietnamiens s'est créée après 1945,
à travers une permanente «héroisation» collective du leader de la Révolution, autant que par le calcul délibéré du groupe dirigeant du Parti.
Si toute biographie participe elle-même de l'imaginaire du présent, elle ne peut informer l'avenir que si le regard du biographe parvient à rester froid, si peu que ce soit.

Si chaque homme est une énigme, celle de l'enfance et de la jeunesse de Ho Chi Minh est d'une opacité peu commune. Elle commence avec sa date de naissance : la date retenue depuis 1945 – 19 mai 1890 – pour la faire coïncider avec celle de la fondation du Viet Minh le 19 mai 1945, n'est ni plus ni moins vraisemblable que celle de 1892, qu'il indique lui-même en 1911, ou que celle du 15 janvier 1894, qu'il déclarera en 1920 à la préfecture de Police de Paris. Son frère et sa sœur, minutieusement interrogés par la Sûreté de l'Annam en 1920, le font naître le premier en 1891 et la seconde vers 1893… et son acte de naissance certifié par des témoins de Kim Lien, établi secrètement en 1931 par la Sûreté, indique la date du troisième mois de la sixième année de Thanh Tai, soit avril 1894…

Son père, Nguyen Sinh Huy, était le

fils d'un paysan de Kim Lien (*huyen* de Nam Dan, province de Nghe An), où il possédait encore vers 1920 deux cousins et deux neveux, tous paysans, et d'une concubine. Né en 1862 sous le nom de Nguyen Sinh Sac (il deviendra plus tard Nguyen Sinh Huy), il épousa vers 1885 Hoang Thi Loan, fille d'un lettré rural assez aisé, et il vécut d'abord au village de ses beaux-parents, Hoang Tru, sur un lopin de terre qu'ils lui avaient cédé. Naquirent successivement, tandis que leur père se consacrait à l'étude, une fille, Nguyen Thi Thanh, en 1887, un fils, Nguyen Sinh Kham, appelé à partir de 1896 Nguyen Tat Dat, un deuxième fils, Nguyen Sinh Cung – Ho Chi Minh –, qui prit vers l'âge de dix ans le nom prédestiné de Nguyen Tat Thanh («qui ira jusqu'au bout de sa destinée»), et un troisième, qui ne vécut pas. Une famille ordinaire de lettrés pauvres de la campagne, dans une province particulièrement pauvre où la communauté villageoise est particulièrement solide, mais où les différences de fortune sont infimes. En 1930, dans le *huyen* de Nam Dan, 70% des propriétaires ont moins de un *mau* (un demi-hectare), à peine 220 propriétaires sur 12 000 louent leurs terres à des fermiers et vivent de la rente foncière. En revanche, à Kim Lien, les études sont en honneur – 53 reçus aux concours littéraires depuis 1635... – mais ce n'est qu'avec Nguyen Sinh Huy que la famille de Ho Chi Minh devait accéder au «capital littéraire».

Personnalité difficile à cerner que celle de Nguyen Sinh Huy, et pourtant combien déterminante pour le devenir de ses fils. Un lettré patriote sanctionné pour refus de collaborer avec le Protectorat, selon la redondante hagiographie officielle? Un fonctionnaire brutal, enclin à la boisson, et révoqué pour ces motifs,

Le jeune Ho Chi Minh.

selon les documents français ? Versions apparemment contradictoires, assez complémentaires au fond : «deux âmes hélas! habitent mon cœur», fait dire Gœthe à son Faust... Le dossier secret – donc à usage interne – réuni au début de 1920 par la Sûreté de l'Annam, alors à la recherche de la véritable identité de Nguyen Ai Quoc, laisse entrevoir une histoire familiale difficile, une douleur cachée qui aura accompagné le jeune homme sur le chemin de la révolution.

Avant les peines, les succès, ceux, très brillants, du lettré. Reçu à trente et un ans *cu nhan* («licencié»), en 1894, aux redoutables examens triennaux – 168 reçus pour 8 136 candidats au concours de Nam Dinh en 1888! –, Nguyen Sinh Huy revient en lauréat glorieux à Kim Lien, qu'il quitte en 1895 avec sa femme et ses deux fils pour Hué, où il est nommé *hanh tau* (sorte de chargé d'affaires diverses) au bureau des défrichements. Il a peut-être suivi aussi un cours d'agriculture dans la capitale et aurait eu pour professeur l'agronome Bui Quang Chieu, le futur leader constitutionnaliste cochinchinois. Il sera également examinateur aux concours de Binh Dinh vers 1897 et de Thanh Hoa vers 1900.

Premier drame : à la mort de ses parents, alors qu'il remplit à Kim Lien avec ses deux aînés les rites contraignants du long deuil vietnamien – pour les fonctionnaires vingt-cinq mois de cessation d'activité sous peine de sanctions très graves –, sa femme, restée seule à Hué avec Thanh, meurt le 10 février 1901. Au terme du deuil parental, il se présente en mai 1901 aux très difficiles examens généraux (*thi hoi*) au camp des lettrés de Hué, puis à ceux du Palais (*thi dinh*). Il reçoit le titre de *pho bang*, décerné aux candidats qui, après avoir réussi le premier et le deuxième degré de l'examen du Palais devant l'empereur, ont échoué au troisième degré, qui confère le titre de *tien si* («docteur»). Sans avoir droit au riche costume, aux planchettes d'ivoire et aux bottes de cérémonie des *tien si*, les *pho bang* portent le bonnet à ailes garnies d'argent, la tunique de satin bleu, la tunicelle en soie verte décorée d'une broderie représentant un faisan. Ils assistent au banquet donné par l'empereur aux lauréats, ont droit au cheval de l'Etat pour revenir au village, et sont habilités aux fonctions de *tri huyen* (préfet d'une préfecture de seconde classe).

Après un dernier séjour à Kim Lien d'une année, Huy retourne à Hué avec ses fils en 1902, obtient le titre de *han lam vien kiem thao* («réviseur» des textes de l'Académie impériale), le grade de mandarin du deuxième degré de la septième classe, et reçoit comme c'est

Nguyen Tat Dat, frère aîné de Ho Chi Minh.

l'usage les fonctions de *thua bien* («rédacteur») au ministère des Rites. Il les exerce jusqu'en mai 1909. Il est alors nommé *tri huyen* de Binh Khe, un nouveau *huyen* créé en 1888 dans une zone mise en défrichement dix ans auparavant dans la province de Binh Dinh, à environ vingt kilomètres au nord-ouest de Qui Nhon.

A la tête d'un huyen de quarante-sept villages, promu au grade de deuxième degré de la sixième classe, le mandarin Nguyen Sinh Huy n'est pas mal noté : «N'avait pas un mauvais dossier», observera un fonctionnaire français en 1911. Pourtant, les revers personnels à nouveau sont proches. Il semble que Huy se soit aigri pendant son séjour à Hué et qu'il se soit adonné à la boisson, peut-être par conscience malheureuse, très vietnamienne, d'agir à l'encontre de ses propres aspirations (*phat y*). Sa fille, Nguyen Thi Thanh, rapportera en 1920,

Les prisonniers, après les manifestations de 1908 contre l'impôt.

selon la Sûreté, que, s'étant rendue pour la première fois à Hué vers 1906, «elle ne put supporter longtemps les brutalités de son père qui avait contracté des habitudes d'ivrognerie et la frappait très souvent. Elle retourna l'année suivante à Kim Lien où elle demeura dans la maison de ses parents avec deux domestiques […]». En janvier 1910, c'est l'irréparable : un prisonnier auquel le mandarin a fait infliger la peine du rotin meurt. Faute très grave, puisqu'elle usurpe la prérogative impériale, que le code des Nguyen punit de cent coups de bâton (*truong*). Bien qu'il ait contesté devant la commission d'enquête que les coups aient provoqué le décès, Nguyen Sinh Huy est condamné le 17 septembre 1910 à la peine du *truong,* mais celle-ci est convertie en rétrogradation de quatre classes de mandarinat (donc au deuxième degré de la huitième classe) et en révocation.

A l'époque, il est d'ailleurs quelque peu suspect : «Nguyen Sinh Huy, écrit en mars 1911 un fonctionnaire colonial, est fortement soupçonné de complicité avec Phan boi Chau, Phan Chau Trinh et autres. Son fils, qui habitait il y a deux ans un compartiment de Dong ba, a disparu subitement. On le croit en Cochinchine. Nguyen Sanh Huy irait le rejoindre et conférer avec Phan Chau Trinh.» Peut-être s'est-il agi pour lui de confier son fils à Phan Chau Trinh, qui, au sortir de Poulo Condore, venait de recevoir du gouvernement général l'autorisation, assortie d'une allocation mensuelle, de visiter la France avec son propre fils.

Deux demandes de laissez-passer qu'il adresse en janvier 1911 au résident supérieur pour gagner le Binh Thuan – sans doute pour rejoindre Thanh, alors employé dans une école de Phan Thiet, ville d'où il est possible de gagner Saigon par le train – sont rejetées. Il réussit néanmoins à s'embarquer à Tourane le 26 février 1911 pour Saigon. Après avoir vécu quelque temps de leçons de chinois données au futur journaliste Diep Van Ky, puis après avoir été un an surveillant sur la plantation Le Ba Cu à Loc Ninh, il va vivre dans la marginalité de l'exercice de la médecine traditionnelle et de la rédaction de sentences parallèles, «mystique religieux, alcoolique», selon une enquête policière de 1923. Il ne reviendra jamais au pays de ses ancêtres; ses enfants ne le reverront pas. En avril 1922, il quitte Saigon pour l'intérieur, marchand ambulant, «vieux, mal vêtu, ayant abandonné [la] pratique [de la] médecine pour se consacrer au culte bouddhiste», aux dires des indicateurs – mais quelle créance leur accorder? – «ne voulant plus entendre parler de son "mauvais fils", [...] dont les théories sapaient non seulement l'autorité du roi mais [celle] du chef de famille». Médicastre au village de Hoi Hoa An, dans la province de Sa Dec, lié à un groupe de notables suspects d'opposition, il y meurt le 29 novembre 1929. Comportement hors du commun, typique d'une situation d'aliénation historique. Un mandarin a largué ses amarres...

Le drame de 1910 a dû beaucoup peser dans l'itinéraire du jeune Nguyen Tat Thanh, mais en conjonction avec l'attrait qu'exerçaient sur l'élite instruite les nouvelles filières du savoir. Il lui était de toute façon difficile de prétendre désormais à une carrière de mandarin. Son père l'avait d'ailleurs inscrit avec son frère aîné au prestigieux collège Quoc Hoc en 1905 – ou peut-être seulement en 1908 : un Nguyen Sinh Con originaire du Nghe An y est admis le 7 août 1908 à la demande du résident supérieur – et il y suivit le cours complémentaire en deuxième puis en troisième année.

Créé en 1897, dirigé en 1905 par le sinologue E. Nordemann, Quoc Hoc avait beaucoup de succès auprès des fils de mandarins (en 1908, 180 postulants pour 30 places en primaire...). Outre un «cours des gradués» réservé aux princes et aux mandarins, il comportait deux sections complémentaires destinées à former des instituteurs, le métier manqué de Ho Chi Minh, des secrétaires et des employés. En 1905, les études duraient quatre ans, à raison de trente-quatre heures de cours par semaine, les programmes ayant été remodelés en 1905 sur ceux de l'enseignement primaire français: français, *quoc ngu,* mathématiques, sciences, administration, dessin, éducation physique, chant, morale – une morale très républicaine et kantienne : tolérance, loi morale, etc –, histoire – nullement celle des Gaulois mais une véritable histoire, indochinoise et mondiale – et géographie. Mais Thanh n'acheva pas le cursus complet de Quoc Hoc. Sans doute était-il déjà attiré par le nationalisme réformiste, puisqu'il partit, en 1909 ou en 1910, enseigner à l'école que les modernistes avaient créée à Phan Thiet, mais, de toute façon, par suite de la révocation de son père, il lui fallait gagner sa vie. En 1910, les liens qui le rattachaient au mandarinat et au monde officiel étaient déjà défaits. Il en était de même pour son frère et sa sœur, qui paieront lourdement l'aide qu'ils apportèrent à deux rebelles du Nghe An, Doi Quyen (un membre de la ligue Duy Tan) et Am Vo. Nguyen Tat Dat sera condamné le 25 septembre 1914 par le tribunal de Vinh à trois ans de prison pour avoir donné asile et argent à Doi Quyen, puis une seconde fois en 1915 à neuf ans de travaux forcés pour complot d'évasion et rébellion. Détenu à Ba Ngoi (Khanh Hoa), gracié au Tet de 1920, il se retirera au village de Co Lao (Thua

Le hall d'entrée de l'Ecole coloniale au début du siècle.

Thien). Nguyen Thi Thanh, plus connue sous le nom de Co Bach Lien (Melle Lotus Blanc), demeurée à Kim Lien, fut impliquée dans le vol de trois fusils commis à la garde indigène de Vinh les 6 et 7 février 1918 et condamnée à neuf ans de travaux forcés qu'elle accomplit à Nha Trang. Elle vivait à Hué en 1930.

Ce ne fut cependant pas la voie que choisit le jeune Thanh. Son départ pour la France eut sans doute un double motif : le sentiment de piété filiale, l'espoir confus qu'il pourrait y œuvrer à la «réhabilitation» de son père. Phan Chau Trinh n'avait-il pas été sauvé de Poulo Condore par l'action de la Ligue des droits de l'homme indochinoise?
Le désir persistant aussi de s'intégrer dans la nouvelle élite, en profitant des bonnes dispositions apparentes dont les nouveaux responsables de la colonisation, Albert Sarraut par exemple, faisaient preuve à l'égard des réformistes pour obtenir d'être admis à l'Ecole coloniale. Tout en formant depuis 1889 les administrateurs français des colonies, celle-ci comportait en effet une section indigène réservée à de jeunes Indochinois, boursiers du gouvernement général. Ils s'initiaient, souvent dans d'autres établissements, à la culture moderne, sans pour autant devenir fonctionnaires coloniaux. Un décret de 1910 avait prévu de spécialiser cette section dans la formation d'agents techniques. Mais ses portes resteront closes devant le fils du mandarin révoqué. En dépit de ses démarches, Thanh ne put obtenir de bourse ni s'inscrire. La France coloniale de la Belle Epoque n'accueillait dans ses établissements supérieurs que les fils de ses partenaires indigènes…

Il lui faudra donc gagner son pain et se contenter d'envoyer de temps à autre, par l'intermédiaire des autorités du Protectorat, un peu d'argent à un père, devenu marginal, dont il avait perdu la trace.

Daniel Hemery

Paris-Moscou-Canton : la genèse d'un communisme national

L'impressionnante documentation policière que la police a accumulée depuis 1919 sur Nguyen Ai Quoc permet d'éclairer la complexité de ce militant studieux, grand dévoreur de journaux, familier des bibliothèques.

Un militant dont les indicateurs notent le goût pour les expositions, les musées, les conférences, mais qui n'a pas fait vœu de chasteté et vit de discrètes amours avec une jeune socialiste de dix-huit ans, Marie Brière. Son communisme est longtemps flou, éclectique, pas encore dogmatique. Un communisme en recherche.

Du Groupe des patriotes annamites au Parti communiste français, pour Nguyen Ai Quoc, la transition aura été brève, une année au plus. Elle passe par l'adhésion au Parti socialiste français dont Phan Chau Trinh et Phan Van Truong étaient proches, et par ces mouvements en symbiose avec le socialisme français que sont la Ligue des Droits de l'Homme, la Franc-maçonnerie, auxquels ils ont sans doute appartenu.

Dès le 2 août 1919, *L'Humanité* publie un entrefilet signé Nguen Ai Quoc,

Moscou en 1925

Le Populaire de Jean Longuet et Paul Vaillant-Couturier en fait autant le 4 septembre. A la fin de 1919, pendant la campagne électorale, dont il suit avec attention les meetings, il devient membre de la 9e section parisienne de la SFIO, celle du faubourg Montmartre, la plus vivante de Paris, celle de Paul Louis, Séverine, Léo Poldès, fondateur du Club du faubourg que fréquente Quoc, et surtout de Boris Souvarine, son secrétaire. Adhésion vite militante : conférence le 11 février sur le bolchevisme en Asie devant la 20e section des Jeunesses socialistes, prise de parole du secrétaire du parti socialiste annamite au meeting du 1er mai devant deux mille personnes au Kremlin-Bicêtre. Engagement surtout dans le débat historique qui divise le mouvement socialiste français sur l'adhésion au Komintern.

Le fait marquant dans ce glissement vers le radicalisme révolutionnaire est qu'il s'accomplit chez Nguyen Ai Quoc selon une lecture originale, nationale, du communisme des années 1920 : l'idéologie nationaliste, sa vision de l'histoire, son projet – la construction d'un Etat-nation moderne faisant entrer la société colonisée dans l'ère du développement et du «progrès» –, investissent le discours et les pratiques du bolchevisme, pour produire ce qu'il faut bien appeler un «communisme national». Ce syncrétisme n'a été possible que parce qu'étaient réunies un certain nombre de conditions. Tout d'abord l'absence de réflexion et de doctrine coloniales dans le nouveau Parti communiste français, qui explique que *Le Paria* pourra tenir plusieurs discours coloniaux contradictoires, y compris un discours assimilationniste limité à l'extension aux colonies de la démocratie métropolitaine.

En second lieu le fait que la rencontre de Nguyen Ai Quoc et de ses amis avec le communisme s'est opérée dans un milieu qui leur laissait une grande autonomie : l'Union Intercoloniale. Nguyen Ai Quoc a été l'un de ses fondateurs. En mars 1921, un Groupe socialiste des originaires des colonies voit le jour par la fusion des Patriotes annamites et de la Ligue pour l'accession aux droits de citoyens des Indigènes de Madagascar, qu'animait un répétiteur de l'Ecole des langues orientales, Samuel Stefany. Le Groupe devient en juillet l'Union Intercoloniale (UI), qui publie, d'avril 1922 à avril 1926 *Le Paria*. En même temps, le PCF s'est doté d'une structure embryonnaire de réflexion sur l'outre-mer, le Comité d'études coloniales (avril 1921), que les militants colonisés, Nguyen Ai Quoc notamment, investissent.

Avec des Antillais, Bloncourt, Monnerville, l'Algérien Hadj Abd el Kader, quelques Africains et Malgaches, surtout avec l'avocat Henri Sarotte et l'ingénieur Nguyen The Truyen, Nguyen Ai Quoc a été l'un des piliers de l'UI. Il devient en novembre 1922 secrétaire adjoint de ce petit groupe de cent à deux cents cotisants, un militant ponctuel et tenace, présent à toutes les permanences, au 3 rue du Marché-aux-Patriarches, où il habite d'ailleurs à partir de mars 1923, présidant fréquemment ses assemblées, intervenant dans ses meetings, essayant d'imposer le sérieux dans les activités brouillonnes de ses compagnons. «Les discours ne servent à rien, aime-t-il à dire, s'ils ne sont suivis d'une action...!»

L'Union intercoloniale constitue un milieu culturel éclectique, ouvert aux courants les plus opposés, bolchevisme, anarchisme, panafricanisme, nationalisme, gandhisme, propre à l'élaboration d'une pensée. *Le Paria* surprend : si son combat est la conquête par les colonisés des droits de l'homme et du citoyen, son discours est totalement investi par les thèmes, le langage et le vocabulaire de l'anti colonialisme libertaire. C'est une rubrique anticoloniale du *Libertaire* de 1920-1921, *Propos d'un paria*, qui a fourni au journal de l'UI son titre symbole. La campagne permanente contre la colonisation de Paul Vigné d'Octon dans *Le Libertaire* en 1921 fournit à Nguen Ai Quoc, qui alimente d'ailleurs en informations cet ancien député radical proche des anarchistes, toute la thématique du *Procès de la colonisation*, son style, la gouaille sarcastique et moqueuse des polémistes de l'anarchie, leur goût de la véhémence, de la dénonciation sentimentale et dédaigneuse de l'analyse théorique sur le mode marxiste. «En recopiant ce passage, écrit Quoc dans *Le Libertaire* le 30 septembre 1921, ma main tremble, mes yeux sont aveuglés par les larmes qui coulent et se mélangent à l'encre. Je ne puis continuer. Oh! Pauvre France! Pauvre Indochine! Pauvre humanité!».

Paradoxe que ces innombrables textes écrits par le futur Ho Chi Minh entre 1920 et 1923 : les grandes problématiques du nationalisme – mise à jour de l'Etat national moderne, revalorisation des cultures dominées – y sont énoncées en termes libertaires... Le paradoxe n'est qu'apparent; la médiation anarchiste, conjuguée avec l'indifférence du PCF en matière coloniale et, contradictoirement, avec l'adoption par le Komintern au printemps 1921 d'une stratégie «orientale», asiatique pour l'essentiel, est l'une des conditions de l'émergence au sein du mouvement communiste de la spécificité du communisme colonial, de son autonomie d'initiative, qui vont fonder durablement l'accord de Ho Chi Minh avec l'Internationale, même stalinisée. Avec l'UI, c'est une lecture du communisme propre aux colonisés qui, confusément, surgit dès 1921. Elle fait place, avec plus ou moins de bonheur, à leur culture, voire à leurs affinités littéraires. L'unanimisme national, la notion toute confucéenne de concorde restent pour Quoc des références stables. «Le malheur du pays, écrit en 1922 dans la «Revue communiste» à propos de l'Inde, fait disparaître la différence de castes et de religions. Riches et pauvres, aristocrates et paysans, mahométans et bouddhistes, tout s'unit dans le même effort...»

Il recourt volontiers, comme son ami Nguyen The Truyen, au style imagé, allusif, à l'humour impertinent et alerte, aux tournures à double sens de la tradition vietnamienne, volontiers individualiste et rebelle. Tous deux aiment s'exprimer par anecdotes, contes ironiques et vengeurs, comme la série des *Lettres à ma cousine*, truffées d'idiotismes vietnamiens, qui "traduisent" les coutumes désuètes de la Cour de Hué. «Barbe touffue, yeux enfoncés», (*râm râu, sâu mat*) y lance un lettré au passage de l'impérial cortège, reprenant le dicton qui épingle la canaille.

Plus fondamentalement, s'affirme, dans ce premier noyau d'un communisme déjà tiers-mondiste, l'idée d'une autonomie des révolutions coloniales à venir. «Votre affranchissement ne peut venir que de vos propres efforts», proclame le manifeste de l'Union internationale en mai 1922.

Cette lecture nationale du communisme a été confortée par le séjour de Nguyen Ai Quoc à Moscou de juin 1923 à la fin de 1924, dans une conjoncture où se noue l'alliance du

Nguyen Ai Quoc à Moscou vers 1923.

Guomindang chinois et du Komintern. L'état-major de ce dernier valorise tout ce qui peut rapprocher le communisme et les nationalismes coloniaux. Séjour d'une importance extrême, puisqu'il lui a permis d'accomoder sans peine à son communisme national les diverses qualifications qui vont faire de lui un cadre de l'appareil international du mouvement communiste. La connaissance des arcanes de l'appareil, tout d'abord, qu'il acquiert à partir de l'éphémère Krestintern (Internationale paysanne rouge), dont le seul et unique congrès (12-15 octobre 1923), tenu en présence de Zinoviev, de Kalinine et de Smirnoff, le commissaire du peuple à l'Agriculture, l'a élu à son bureau commme représentant des paysans coloniaux, et dont il rédigera l'Appel aux paysans des colonies de novembre 1923. En second lieu, l'entraînement au métier de journaliste communiste désormais rompu à l'analyse informée des rapports de force et non plus seulement à la polémique anticolonialiste. Des vingt-sept articles qu'il envoie au *Paria* et à la presse communiste française après juillet 1923, neuf relèvent encore de ce dernier type d'exercice, mais huit traitent de l'impérialisme en Extrême-Orient, cinq du soutien de l'URSS aux colonisés, deux de la condition paysanne en Asie. Sur les vingt textes publiés sous son nom

Nguyen Ai Quoc (au second rang, troisième en partant de la gauche) au VIIe Congrès de l'Internationale Communiste en 1935.

ou sous le pseudonyme de Wang dans *Imprekor* («La Correspondance internationale»), le principal périodique du Komintern, d'avril 1924 à août 1928, onze concernent l'actualité chinoise ou indienne. Enfin, l'acquisition de l'ABC du marxisme-léninisme, ce marxisme stalinien en voie de codification, si peu diffusé encore en France : notions d'impérialisme et de profit, principe de la non-dissociation des luttes nationales et du combat des prolétaires occidentaux, concept de l'alliance ouvrière et paysanne, modèle du parti stalinien centralisé.

De toute façon, Nguen Ai Quoc n'a guère la fibre théoricienne et, à la différence de Mao Zedong, n'y prétendra jamais. Ses textes, généralement courts et schématiques, ne cultivent pas la nuance, mais s'en tiennent à l'exposé des faits, volontiers assorti d'une pointe d'ironie. Pour lui, le marxisme, dont il n'aura reçu que la version réifiée de Lénine revue et simplifiée par Staline, n'aura jamais qu'une valeur instrumentale. Raccourci historique vers la régénération des sociétés tombées en dépendance, son communisme sera pragmatique. «Au

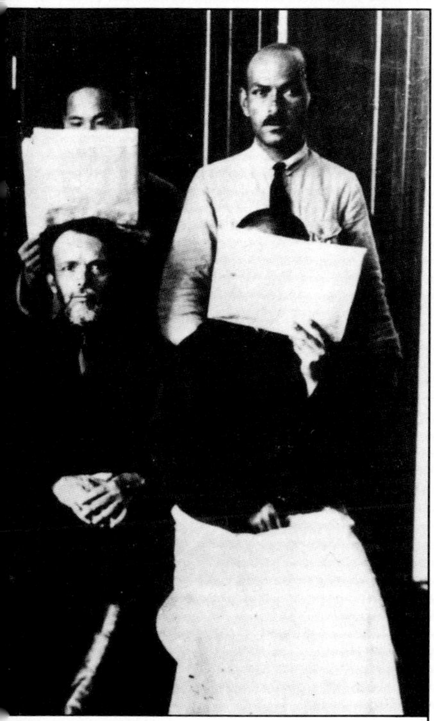

Vietnam, comme en Chine, écrira-t-il en avril 1960, la légende parlait d'un "sac magique"; quand on se trouve, devant de grandes difficultés, il suffit d'ouvrir le sac pour avoir la solution. Pour les révolutionnaires et le peuple vietnamiens, le léninisme constitue non seulement un sac magique, une boussole, mais un vrai soleil qui éclaire la route jusqu'à la victoire finale, jusqu'au socialisme et au communisme.»

Il en résulte que sa nouvelle culture lénino-stalinienne n'efface ni son substrat confucéen ni son ancienne problématique nationaliste, mais, tout au contraire, les amalgame dans une triple démarche. Valorisation quasi messianique, d'un populisme quasi tiers-mondiste, de la «majorité» révolutionnaire des peuples colonisés, tout d'abord. Affirmation de la prise en charge par le communisme du potentiel subversif des paysanneries colonisées, pensées comme sociologiquement homogènes : «Le soulèvement des paysans coloniaux, déclare-t-il devant le Ve Congrès du Komintern en 1924, est imminent. ils se sont déjà insurgés dans plusieurs colonies, mais chaque fois leurs révoltes ont été noyées dans le sang. S'ils semblent se résigner en ce moment, c'est uniquement faute d'organisation et de dirigeants. L'Internationale communiste se doit de travailler à leur rassemblement, de leur fournir des cadres dirigeants et de les guider sur le chemin de la révolution.» Assimilation instinctive enfin de la pratique communiste à l'éthique confucéenne : «Si Lénine est pour le prolétariat d'Occident un chef, un leader, un maître, écrit-il, aux yeux des peuples d'Orient il est quelque chose de plus grand, de plus noble encore. Ce n'est pas seulement son génie, mais c'est aussi son mépris du luxe, son amour du travail, la pureté de sa vie privée, sa simplicité, en un mot c'est la grandeur et la beauté du maître qui ont une influence magnifique sur les peuples asiatiques.»

Cette culture communiste particulière persistera toujours chez Ho Chi Minh. De 1925 à 1930, elle va inspirer l'idéologie du Thanh Nien, dont le journal pourra écrire : «Si Confucius vivait à notre époque [...] il est probable que ce surhomme deviendrait rapidement le successeur de Lénine», pour devenir après 1940 le substrat idéologique du Viet Minh.

Daniel Hemery

Prisonnier des Anglais, «The Case of Nguyen The Patriot»

En 1930, s'est organisée la coopération entre les polices coloniales française, anglaise et hollandaise pour la lutte contre les mouvements révolutionnaires en Asie orientale. Mais si la «Special Branch» de Hong-Kong réussit à capturer Nguyen Ai Quoc, elle ne parvient pas à le livrer aux Français.

M OFFER.

IMPORTANT H.K. ARREST.

COUP FOR FRENCH GOVERNMENT.

ANNAMITE LEADER IN CUSTODY.

POLICE RETICENT.

Depuis son arrivée à Canton vers la fin de 1924, Nguyen Ai Quoc est passé sous la surveillance directe de la puissante Sûreté d'Indochine. Trois années durant, jusqu'à la fin de 1927, il a milité dans l'entourage du représentant soviétique auprès du Guomindang, Borodine, se consacrant au développement du Thanh Nien. Années d'intense activité militante.

«Dans cette petite communauté, dont les mauvais éléments ont été exclus», note l'indicateur «Pinot» en novembre 1925 à propos du Thanh Nien, Nguyen Ai Quoc a réussi à imposer des habitudes de labeur et d'étude que ses membres ignoraient jusqu'alors. Aucun de ceux-ci ne reste désœuvré. [...] Au cours des réunions hebdomadaires tous les membres ont le droit d'exprimer leur avis sur les affaires du parti. [...] L'orateur est toujours écouté et les questions de préséance, qui sont si souvent des causes de mésintelligence entre Annamites, ne sont jamais posées au sein du comité, chacun étant libre de parler, quels que soient son âge ou son intelligence.» [...]

Nguyen Ai Quoc, est étroitement surveillé par les agents vietnamiens de la Sûreté qui ont infiltré la direction de l'organisation. De retour à Moscou après l'écrasement du PC chinois en 1927 sous les coups de Chang Khai Shek, il est renvoyé en Asie quelques mois plus tard, comme représentant du Komintern pour l'Asie du Sud-Est. Il va y travailler en liaison avec l'Eastern Bureau du Komintern, installé secrètement à Shanghai en 1929.

C'est dans le nord-est du Siam, au village de Ban Dong, près de Pi Chit, parmi les trente mille émigrés vietnamiens qui vont longtemps constituer l'une des bases extérieures du communisme indochinois, qu'il réapparaît secrètement en août 1928, désormais investi de compétences régionales. Au cours de ses deux séjours siamois (août 1928-septembre 1929, mars-avril 1930), il donne réalité à la vague Fédération communiste des mers du Sud constituée en 1928 dans l'émigration chinoise de Singapour, préside le 20 avril 1930 le congrès de Bangkok, qui fonde le parti communiste siamois – en fait sino-vietnamien – et, probablement le même mois, celui de Singapour, d'où sort le PC de Malaisie.

Cet épisode d'activité clandestine au Siam est l'une des nombreuses périodes obscures de la vie de Ho Chi Minh. Elle cesse lorsqu'il s'établit en décembre 1929 à Hong-Kong, où son rôle va désormais consister à assurer le relais entre l'Eastern Bureau de Shanghai et les petites organisations communistes d'Indochine, du Siam et de Malaisie, correspondant avec leurs responsables, transmettant les fonds, les directives, la littérature politique par le réseau de marins vietnamiens et chinois qu'il a construit, rédigeant des rapports réguliers à l'intention de la «Centrale» de Moscou. L'équivalent en somme du travail qu'accomplit auprès du PCF le «camarade Fried».

A cet égard, il est encore difficile d'apprécier le rôle de Quoc dans les événements indochinois de 1930-1931. Y a-t-il eu, envoyées de Shanghai et de Hong-Kong, des directives pour la formation des soviets ruraux sur le modèle de ceux de Chine? Plus probablement carence de directives; des simples mises en garde contre le «putschisme» adressées en mai 1931 à un parti qui ne compte encore que mille huit cent vingt huit membres en Annam et au Tonkin par Nguyen Ai Quoc, davantage constructeur patient de réseaux d'une infrastructure politique solide qu'épris d'aventure. Lui aussi a dû être surpris par la soudaineté de l'ouragan, dans lequel il va se trouver finalement emporté.

En juin 1931, la police britannique de Singapour, opérant en concertation avec la Sûreté d'Indochine, réussit en effet un exceptionnel coup de filet contre l'appareil clandestin du Komintern en Extrême-Orient. Elle arrête le 1er juin à Singapour le représentant de l'Internationale dans la colonie, le Français Joseph Ducroux (alias Serge Lefranc). Dans ses papiers figurent une lettre à l'encre sympathique et l'adresse à Kow Loon, 186 Tam Kaw Road, d'un certain Sung Man Ch'o. Le 6 juin à 2 heures du matin, la police de Hong Kong l'arrête ainsi qu'une jeune femme, Ly Ung Thuan, qu'il présente comme sa nièce – elle est en fait Le Thi Tam, épouse de Ho Tung Mau, l'un des dirigeants à l'extérieur du parti communiste indochinois, arrêté lui aussi peu de temps auparavant et qui sera livré aux Français le 30 juin –, et saisit un grand nombre de documents révolutionnaires. Mais il a eu le temps de brûler sa correspondance. Le 15 juin, c'est l'Eastern Bureau de Shanghai qui est démantelé dans la concession internationale par l'arrestation de Noulens, dont l'adresse a, elle aussi, été trouvée chez Ducroux. Vingt-et-un documents en anglais rédigés par Quoc sont expédiés à Hanoi.

Très vite identifié par l'agent «Félix» de la Sûreté, Sung Man Ch'o – Nguyen Ai Quoc –, détenu à la prison Victoria, est condamné le 12 août par la cour de Hong-Kong à être banni de la colonie le 18 août sur *L'Angers* à destination de Haïphong – au regard de la loi britannique, il n'a commis aucun délit. Va-t-il être livré aux Français alors que pèse sur lui une condamnation à mort par contumace prononcée par le tribunal mandarinal de Vinh le 11 octobre 1929. Dès le 16 juin, le consul français à Hong-Kong, Dufaure de La Prade, assiège les juges et les autorités pour obtenir livraison des prisonniers. De Hanoi, le gouvernement général multiplie les interventions, fournit aux Anglais une impressionnante documentation, s'engage même secrètement à assurer à Nguyen Ai Quoc la vie sauve et va jusqu'à proposer une prime de quinze mille piastres aux policiers britanniques, de toute façon favorables à sa livraison…

Le risque est extrême. Nguyen Ai Quoc va y échapper de justesse grâce à l'énergique action qu'entreprend dès juillet 1931 le Komintern dans le but de neutraliser les pressions intensives de Hanoi et de Paris. Adroite campagne (par quels canaux?) dans la presse : les grands journaux de la colonie britannique, le *Hong-Kong Daily Press,* le *Hong-Kong Telegraph,* le *South China Morning Post* publient une série d'articles sur «The Case of Nguyen The Patriot», comme titre ce dernier quotidien. Campagne embarrassante, car elle gêne les juges britanniques lors du deuxième procès en appel le 17 août. Habile utilisation aussi du «droit bourgeois». Le cabinet d'avocats londoniens de F. H. Loseby et N. Pritt a pris l'affaire en main et l'a confiée à un brillant avocat de Hong-Kong, conseiller de Sa Majesté, F. C. Jenkin, un ancien officier qui s'est inscrit au barreau en 1912 (il se suicidera en 1936). Jenkin plaide assisté de A. M. L. Soares et de F. H. Loseby. Il réclame une ordonnance d'*habeas corpus* en arguant de la menace qui pèse sur Nguyen Ai Quoc et des irrégularités qui ont entouré son arrestation : le mandat d'arrêt n'a été émis que le 12 juin, il y a donc eu six jours de détention illégale; Quoc n'a

obtenu l'assistance d'un avocat que le 25 juin; interrogé à partir du 10 juillet par la police, il s'est entendu poser des questions non autorisées par la loi telles que : «Etes-vous communiste?»

Nguyen Ai Quoc s'est présenté comme «Annamite nationaliste, non communiste». Jenkin ne peut empêcher une deuxième décision de bannissement le 17 août pour le début de septembre, sur le *Général Metzinger* cette fois, confirmée le 11 septembre par la Cour suprême du territoire. Mais il fait appel le lendemain devant la plus haute juridiction de l'Empire britannique, le Conseil privé de Sa Majesté, ce qui suspend l'exécution de la sentence. Vers quelle destination Quoc sera-t-il expulsé? L'action de Loseby et de Jenkin, qui menacent d'en appeler à l'opinion publique, paralyse le gouverneur de Hong-Kong, Sir William Peel, et les autorités de Londres. Une longue procédure s'engage alors, tandis que Quoc, objet des visites attentionnées des agents vietnamiens de la Sûreté qui, infiltrés dans le parti Thanh Nien, n'ont pas cessé de le surveiller jour après jour depuis 1925, est convenablement traité à la prison et peut soigner à deux reprises une tuberculose pulmonaire à l'hôpital de Hong-Kong. Il n'y a pas de grande campagne d'opinion de l'Internationale en sa faveur, simplement quelques articles dans la presse communiste, comme si Moscou, pariant sur la carte judiciaire, jouait délibérément la discrétion, qui permettra de le faire rentrer, une fois libéré, dans une utile obscurité. La presse communiste annonce même sa mort, que les *Cahiers du bolchevisme* datent du 26 juin 1932…, et le Komintern organise une cérémonie à sa mémoire… Peu de courrier, l'isolement. Du Japon, le prince Cuong De lui écrit le 17 décembre 1931 pour lui envoyer trois cents yen : «Soignez-vous bien, il le faut pour la cause de la patrie!» Le jugement du Conseil privé du 28 juin 1932 confirme le bannissement, mais laisse le condamné libre de choisir sa destination, laquelle sera tenue secrète par les autorités anglaises.

Expulsé vers Singapour où il arrive le 6 janvier 1933, Nguyen Ai Quoc y est refoulé vers Hong Kong sur le *Ho Sang* le 11 janvier. A nouveau appréhendé le 19 janvier, il est mis en demeure de quitter la colonie, ce qu'il fait avec l'aide de son avocat. Il aurait passé plusieurs mois déguisé en marchand chinois à Xiamen, la concession française de Canton, puis il aurait réussi à entrer en contact avec Paul Vaillant-Couturier, alors en Chine pour le compte du mouvement Amsterdam-Pleyel. Ce dernier l'aurait aidé à s'embarquer sur un navire soviétique à Shanghai.

En juillet 1933 Nguyen Ai Quoc débarquait à Vladivostok. Sauvé par l'*habeas corpus,* par le «droit bourgeois»…

Ainsi se clôt, au terme de la crise révolutionnaire indochinoise, cette première séquence d'activisme clandestin de Nguyen Ai Quoc en Asie orientale.

Lettre envoyée par Nguyen Ai Quoc à sa femme, transmise à la Sûreté indochinoise le 14 août 1928

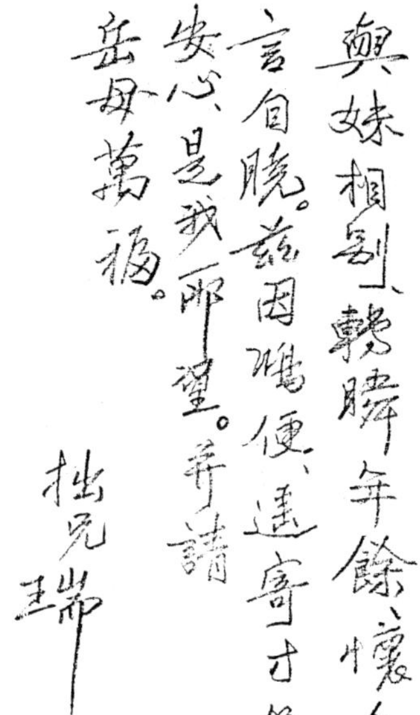
與妹相别、轉瞬年餘、懷念情深、不言自曉。茲因鴻便、遙寄寸箋、俾妹安心、是我所望。并請岳母萬福。
拙兄瑞

Bien que séparés depuis bientôt plus d'un an, les sentiments que nous éprouvons l'un pour l'autre n'ont pas besoin d'être dits pour être éprouvés. A présent, je profite de l'occasion pour t'envoyer quelques mots afin que tu soies rassurée, et pour dire bonjour aussi à ta mère et lui présenter mes voeux de bonheur.

Les débuts du Viet Minh (1941-1945)

En juillet 1945, brisé par la fièvre après une longue marche de Cao Bang à Tan Trao, Ho Chi Minh tient à Vo Nguyen Giap ces propos : «Cette fois la conjoncture nationale nous est extrêmement favorable. Notre parti ne doit pas laisser passer l'occasion. Nous devons prendre la direction de la lutte nationale pour la conquête de l'indépendance, quoi qu'il en coûte, même si toute la Cordillère vietnamienne doit être la proie des flammes.» Son instrument, le Viet Minh, est en place.

Dès sa création, à Pac Bo, par le VIIIe Plenum du comité central du PCI, en mai 1941, le Viet Minh (Viet Nam Doc Lap Dong Minh, Alliance pour l'indépendance du Vietnam) a été pensé et organisé comme un front patriotique flexible, l'organisation-écran de l'appareil communiste, qui, même dans les zones qu'il contrôle, reste clandestin.

Le Viet Minh est d'abord un contre-feu aux initiatives des nationalistes exilés en Chine et du Guomindang, qui, depuis 1936, ont mis sur pied d'éphémères ligues en Chine du Sud – que les communistes ont désamorcées en y participant – et qui vont créer à Tien Tsin en 1942, sous l'égide chinoise, le Dong Minh Hoi (Ligue révolutionnaire du Vietnam) de Nguyen Hai Than. Ces «fronts» sont conçus par les Chinois comme les appendices politiques de leur éventuelle entrée au Vietnam.

Mais ce qui le distingue de la démarche nationaliste, c'est le primat de l'action à l'intérieur du pays. Un immense acquis que le PCI est seul à posséder, même si les figures exceptionnelles n'ont pas manqué chez ses adversaires, un Ta Thu Thau chez les trotskistes, ou un Nguyen Thai Hoc (guillotiné en 1932) chez les nationalistes. Le Viet Minh vient de loin... Mais dans sa genèse la vision politique personnelle de Nguyen Ai Quoc est déterminante. Esquissée déjà avec le Thanh Nien, elle s'est actualisée au cours du séjour très mal connu qu'il vient d'effectuer, sous le nom de Ho Quang, entre la fin de 1938 et le début de 1940 à Yanan au sein de la VIIIe armée de route, dans les zones libérées de la Chine communiste. Il s'y est familiarisé avec la pratique maoïste de la guerre révolutionnaire prolongée, du front national conflictuel avec le Guomindang et de la mobilisation-instrumentalisation de la paysannerie par une élite révolutionnaire disciplinée venue des villes. Une centaine de jeunes cadres du Viet Minh iront d'ailleurs étudier à l'école militaire de Liu Qiao. En 1941, Nguyen Ai Quoc entreprend de vietnamiser la révolution maoïste.

Car c'est une nouvelle direction politique qui prend la tête du PCI. A la VIIIe session du comité central, seuls quatre membres du comité central étaient présents, dont Truong Chinh, nommé secrétaire général en novembre 1940, Hoang Quoc Viet et Hoang Van Thu, secrétaire du comité régional du Tonkin. Des nouveaux venus comme Hoang Van Hoan, militant du Siam puis de Chine, Vo Nguyen Giap, ancien professeur d'histoire à l'institution Thang Long de Hanoï, Pham Van Dong, libéré de Poulo Condor en 1936, Phung Chi Kien, un ancien de la Commune de Canton en 1924, qui a passé la frontière avec Nguyen Ai Quoc et s'est installé avec lui à Pac Bo, leur sont associés. Presque tous sont originaires du Nord. Aucun d'entre eux n'a connu l'Europe ou l'Union soviétique.

Le communisme vietnamien bascule géographiquement, un nouveau groupe dirigeant s'amalgame autour de Nguyen Ai Quoc, qui va bientôt prendre le nom de Ho Chi Minh. Changement d'époque, changement d'hommes.

A la fin de 1943, le Viet Minh est suffisamment solide déjà pour survivre aux opérations militaires engagées par le gouvernement général en novembre.

Ses cellules ont peu à peu pris en main la population selon un patient travail d'organisation et d'éducation politique, village après village. Brochures et journaux sont polycopiés artisanalement et circulent largement. Implantation encore restreinte, travail dangereux, souvent meurtrier. Phung Chi Kien, qui a pris le commandement de la guérilla de Bac Son, tombe dans une embuscade en 1941. La fièvre menace sans cesse les maquis dans cette nature d'une beauté à couper le souffle, mais impaludée, «le pays aux eaux claires qui tuent». En août 1945, à la veille de la révolution, elle terrasse Ho Chi Minh. A partir de 1943 cependant, le Viet Minh essaime dans le delta, Hoang Van Thu installe avec Truong Chinh le Bureau permanent du comité central à Phu Thuong, dans les faubourgs de Hanoi où il est pris en 1943, torturé puis fusillé le 24 mai 1944.

Dans le Sud, dont les relations avec le Nord sont très difficiles, le Viet Minh n'existe que sous la forme d'un petit groupe peu influent. C'est le vieux PCI clandestin qui, sous la direction de Tran Van Giau, réorganise de façon autonome en 1943-1944 un puissant réseau de syndicats et de militants sous le couvert des Jeunesses d'avant-garde. Mais dans tout le Vietnam s'est généralisé en 1944-1945 le sentiment de l'unité de la nation; la colonisation est devenue intolérable. Le Viet Minh est bien le seul mouvement prêt à polariser les effets politiques de la lame de fond qui bientôt va déferler.

Daniel Hémery

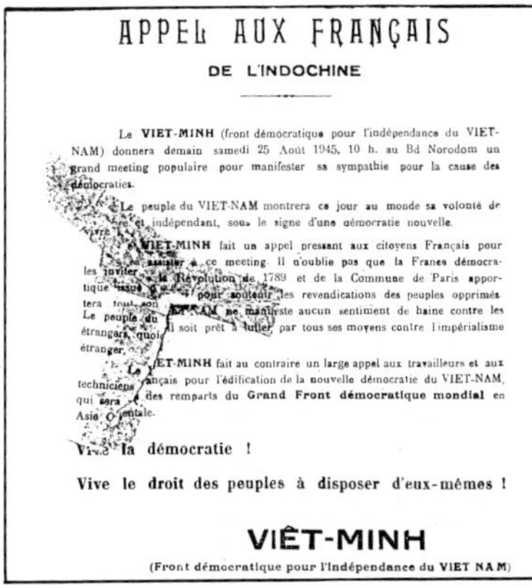
APPEL AUX FRANÇAIS

DE L'INDOCHINE

Le **VIET-MINH** (front démocratique pour l'indépendance du VIET-NAM) donnera demain samedi 25 Août 1945, 10 h. au Bd Norodom un grand meeting populaire pour manifester sa sympathie pour la cause des démocraties.

Le peuple du VIET-NAM montrera ce jour au monde sa volonté de vivre libre et indépendant, sous le signe d'une démocratie nouvelle.

Le **VIET-MINH** fait un appel pressant aux citoyens Français pour les inviter à assister à ce meeting. Il n'oublie pas que la France démocratique issue de la Révolution de 1789 et de la Commune de Paris apportera tout son appui pour soutenir les revendications des peuples opprimés. Le peuple du VIET-NAM ne manifeste aucun sentiment de haine contre les étrangers, quoiqu'il soit prêt à lutter par tous ses moyens contre l'impérialisme étranger.

Le **VIET-MINH** fait au contraire un large appel aux travailleurs et aux techniciens Français pour l'édification de la nouvelle démocratie du VIET-NAM, qui sera un des remparts du **Grand Front démocratique mondial** en Asie Orientale.

Vive la démocratie !

Vive le droit des peuples à disposer d'eux-mêmes !

VIÊT-MINH

(Front démocratique pour l'Indépendance du VIET NAM)

Les objectifs de la politique indochinoise de la France en 1945-1946

Jusqu'à présent, les travaux des historiens ont porté sur les acteurs, leurs opinions, leurs décisions. Données évidemment essentielles, mais insuffisantes car elles masquent les déterminations profondes qui, au sein même de la société française, ont conduit les gouvernements successifs à inspirer ou à couvrir les actes de leurs représentants en Indochine.

Facteur supplémentaire d'incertitude, l'entreprise indochinoise de la France en 1945-1946, néo-coloniale dans ses finalités profondes, se présente comme le dernier épisode des «libérations» qui viennent de s'accomplir en Europe et en Asie, tout comme celle de la fin du XIXe siècle s'était voulue porteuse d'émancipation et de progrès.

On a souvent souligné, et à juste titre, les hésitations gouvernementales, les divergences et les durs conflits qui ont opposé les responsables du haut-commissariat, de l'armée, du gouvernement de Paris, que résument bien en 1946 les démarches souvent opposées d'un Leclerc, qui a pris conscience de la puissance acquise par l'idée nationale vietnamienne, et d'un d'Argenlieu. Beaucoup d'historiens pensent ou ont tendance à penser qu'il n'y a pas eu de véritable politique française en Indochine en 1945-1946, mais une série d'hésitations, d'erreurs et de maladresses, comme si une guerre pouvait se livrer sans buts et sans enjeux.

«La guerre est la continuation de la politique par d'autres moyens»... Celle d'Indochine ne dément pas l'enseignement de Clausewitz. Ce qui ressort des documents très connus cités ci-dessous, c'est bien que les gouvernements successifs de 1945-1946, de De Gaulle à Félix Gouin, à Georges Bidault et même, en ce qui concerne la majorité de ses ministres non communistes, à Léon Blum, ont poursuivi quatre objectifs fondamentaux : 1) reprendre coûte que coûte le contrôle de l'Indochine parce qu'une reconnaissance de l'indépendance de ses peuples ne pouvait que ruiner à bref délai l'empire colonial en mutation et en reconstitution sous le nom d'Union française, d'un empire qui avait été si important pendant la guerre

pour la France libre comme pour Vichy, et qui apparaissait en 1945 comme l'une des clés de la restauration du statut international de la France; 2) moderniser les structures politiques et économiques de l'Indochine coloniale par la mise en œuvre du concept de Fédération indochinoise; 3) neutraliser d'une manière ou d'une autre la RDV, faire reculer l'influence du communisme vietnamien, puis l'éliminer. En 1946, il n'était pas concevable pour la majorité des milieux dirigeants français d'accepter un pouvoir communiste dans les colonies françaises – Algérie comprise –, alors que l'on songeait à éliminer la présence communiste du gouvernement à Paris; 4) en conséquence refuser toute marche vers l'indépendance, même graduelle, toute décolonisation. Il s'agit bien, en bref, d'une politique néo-coloniale, au strict sens du terme, dans la continuité des choix qui avaient été faits au moins depuis la crise des années 1930.

Albert Sarraut, «Grandeur et servitudes coloniales», Paris, 1931

«Je n'entends pas souscrire aux suggestions de théoriciens de la Métropole qui rêvent d'établir aux colonies l'égalité politique et administrative, et d'y transporter sans transition nos formes de gouvernement. [...] Par là, je repousse énergiquement l'adaptation aveugle à tous nos pays coloniaux des formes sociales ou des modalités politiques au milieu desquelles nous avons nous-mêmes coutume de vivre. Je repousse les systèmes de naturalisation en masse, comme les systèmes de *self-government* ou de suffrage universel conféré collectivement aux populations indigènes. Ce serait, à mon avis, la pire démence que d'imposer à des races hétérogènes, dont les stades d'évolution sont au surplus infiniment différents, l'uniformité rigide des directions sociales et politiques auxquelles nous n'avons abouti qu'après de longs siècles d'études et d'éducation. [...]

«Pas d'abandon, d'abord de l'Europe dans son autorité coloniale. [...] Elle y est, elle doit y rester. Je repousse de toutes mes forces [...] pour l'Europe comme pour mon propre pays, toutes les modalités qui envisagent l'éviction de la tutelle occidentale sur les colonies. [...] Où nous sommes, nous devons rester. Ce n'est pas seulement la consigne de nos intérêts; c'est l'injonction de l'humanité, l'ordre de la civilisation.»

Extrait de la Déclaration de la Conférence africaine de Brazzaville (1944)

«Les fins de l'œuvre de colonisation accomplie par la France dans les colonies écartent toute idée d'autonomie, toute possibilité d'évolution hors du bloc français de l'empire; la constitution éventuelle, même lointaine, de *self-governments* dans les colonies est à écarter...»

Déclaration du gouvernement provisoire sur l'Indochine le 24 mars 1945

«Le gouvernement de la République a toujours considéré que l'Indochine était appelée à tenir une place particulière dans l'organisation de la communauté française et à y jouir d'une liberté adéquate à son degré d'évolution et à ses capacités. La promesse en a été faite par la déclaration du 8 décembre 1943. Peu après, les principes de portée générale énoncés à Brazzaville sont venus préciser la volonté du Gouvernement.

«Aujourd'hui l'Indochine combat : les troupes, où Indochinois et Français sont mêlés, les élites et les peuples de l'Indochine, que ne sauraient abuser les manœuvres de l'ennemi, prodiguent leur courage et déploient leur résistance pour le triomphe de la cause qui est celle de toute la communauté française. Ainsi l'Indochine s'acquiert-elle de nouveaux titres à recevoir la place à laquelle elle est appelée.

«Confirmé par les événements dans ses intentions antérieures, le Gouvernement estime devoir, dès à présent, définir ce que sera le statut de l'Indochine, lorsqu'elle aura été libérée de l'envahisseur.

«La Fédération indochinoise formera, avec la France et avec les autres parties de la communauté, une "Union française" dont les intérêts à l'extérieur seront représentés par la France. L'Indochine jouira, au sein de cette Union, d'une liberté propre.

«Les ressortissants de la Fédération indochinoise seront citoyens indochinois et citoyens de l'Union française. A ce titre, sans discrimination de race, de religion ou d'origine et à égalité de mérites, ils auront accès à tous les postes et emplois fédéraux, en Indochine et dans l'Union.

«Les conditions suivant lesquelles la Fédération indochinoise participera aux organismes fédéraux de l'Union française, ainsi que le statut de citoyen de l'Union française, seront fixés par l'Assemblée constituante.

«L'Indochine aura un gouvernement fédéral propre présidé par le Gouverneur général et composé de ministres responsables devant lui, qui seront choisis aussi bien parmi les Indochinois que parmi les Français résidant en Indochine. Auprès du Gouverneur général, un conseil d'Etat, composé des plus hautes personnalités de la Fédération, sera chargé de la préparation des lois et des règlements fédéraux. Une assemblée, élue selon le mode de suffrage le mieux approprié à chacun des pays de la Fédération et où les intérêts français seront représentés, votera les taxes de toute nature ainsi que le budget fédéral et délibérera des projets de lois. Les traités de commerce et de bon voisinage intéressant la Fédération indochinoise seront soumis à son examen.

«La liberté de la presse, la liberté d'association, la liberté de réunion, la liberté de pensée et de croyance et, d'une façon générale, les libertés démocratiques formeront la base des lois indochinoises.

«Les cinq pays qui composent la Fédération indochinoise et qui se distinguent entre eux par la civilisation, la race et les traditions, garderont leur caractère propre à l'intérieur de la Fédération.

«Le Gouverneur général sera, dans l'intérêt de chacun, l'arbitre de tous. Les gouvernements locaux seront perfectionnés ou réformés; les postes et emplois dans chacun de ces pays seront spécialement ouverts à ses ressortissants.

«Avec l'aide de la métropole et à l'intérieur du système de défense général de l'Union française, la Fédération indochinoise constituera des forces de terre, de mer et de l'air, dans lesquelles les Indochinois auront accès à tous les grades à égalité de qualification avec le personnel provenant de la métropole ou d'autres parties de l'Union française.

«Le progrès social et culturel sera poursuivi et accéléré dans le même sens que le progrès politique et administratif.

«L'Union française prendra les mesures nécessaires pour rendre l'enseignement primaire obligatoire et effectif et pour développer les enseignements secondaire et supérieur. L'étude de la langue et de la pensée locales y sera étroitement associée à la culture française.

«Par la mise en œuvre d'une inspection du travail indépendante et efficace et par le développement syndical, le bien-être, l'éducation sociale et l'émancipation des travailleurs indochinois seront constamment poursuivis.

«La Fédération indochinoise jouira, dans le cadre de l'Union française, d'une autonomie économique lui permettant d'atteindre son plein développement agricole, industriel et commercial et de réaliser en particulier l'industrialisation qui permettra à l'Indochine de faire face à sa situation démographique. Grâce à cette autonomie et en dehors de toute réglementation discriminatoire, l'Indochine développera ses relations commerciales avec tous les autres pays et notamment avec la Chine, avec laquelle l'Indochine, comme l'Union française tout entière, entend avoir des relations amicales et étroites.

«Le statut de l'Indochine, tel qu'il vient d'être ainsi examiné, sera mis au point après consultation des organes qualifiés de l'Indochine libérée.

Ainsi la Fédération indochinoise, dans le système de paix de l'Union française, jouira de la liberté et de l'organisation nécessaires au développement de toutes ses ressources. Elle sera à même de remplir dans le Pacifique le rôle qui lui revient et de faire valoir, dans l'ensemble de l'Union française, la qualité de ses élites.»

Extrait de la note secrète de Léon Pignon, commissaire fédéral aux Affaires politiques (4 janvier 1947)

«Un point paraît certain : l'impossibilité de reprendre les négociations avec le gouvernement de M. Ho Chi Minh. Nous savons maintenant, d'une façon trop certaine, après l'avoir pressenti et annoncé depuis longtemps, que ce Gouvernement n'a jamais poursuivi qu'un seul objectif : assurer l'indépendance du Vietnam en empêchant par tous les moyens toute réinstallation de la France – à quelque titre que ce soit – tant que cette indépendance n'aurait pas été définitivement et complètement reconnue.

«La France, en raison de ses droits, des positions qu'elle a conservées, constituait le principal danger pour l'indépendance du Vietnam. Il fallait donc qu'elle soit éliminée.

«Le Gouvernement Ho Chi Minh n'a pas reculé devant le recours à l'agression, avec l'espoir de nous infliger par surprise un véritable désastre. Traiter avec lui équivaudrait maintenant à une capitulation, c'est-à-dire à la disparition à bref délai de toute influence française non seulement dans les pays annamites, mais encore dans le reste de l'Indochine et en Extrême-Orient.

«Le prestige français ne résisterait pas à cette démission, et s'il nous est permis de déborder dans le domaine qui nous est propre en raison même des responsabilités les plus hautes qui nous incombent, nous assisterions à la dislocation de l'Empire français.

«Si nous ne traitons pas avec le Gouvernement Ho Chi Minh, force nous est de le combattre, du moins dans la limite où la sécurité de nos places et de nos communications l'exige...»

1945-1946 : la Banque de l'Indochine dans la révolution…

L'attitude des milieux d'affaires, des grandes industries, pour lesquelles les colonies étaient, avant 1939, un marché essentiel, n'a jamais fait l'objet d'une enquête sérieuse. Un ouvrage récent, consacré à l'histoire de la puissante Banque de l'Indochine, incite à la reflexion et à la prudence.

En Indochine, la situation est des plus confuses… Le directeur général de la Banque de l'Indochine connaît personnellement Sainteny pour l'avoir côtoyé au sein de la Résistance. Il accepte le risque d'une mission dans une région en dehors de tout contrôle français pour s'enquérir de la situation réelle au Viet Nam du Nord et défendre les intérêts de la Banque. A Hanoi, il retrouve Baylin, le directeur de l'agence, dont les compétences de grand sinisant lui sont une aide précieuse. La lettre qu'il envoie à Emile Minost en date du 8 décembre 1945 démontre qu'il lui fallut peu de temps pour mesurer exactement la nature du mouvement Viet Minh et perdre toute illusion sur la compréhension que les cercles politiques de Saigon et l'armée coloniale ont de la situation au Tonkin :

« Pour votre information personnelle seulement :

1. – Le haut-commissaire paraît mal informé de ce qui se passe au Tonkin. Ses représentants n'y sont jamais allés et paraissent peu disposés à y venir. C'est donc l'opinion des cercles officiels de Saigon qui commande : on y considère l'affaire d'Indochine comme une affaire militaire – avec blindés, colonnes mobiles et guerre éclair. A mon avis, il s'agit d'une affaire politique – autrement nous risquons de recommencer l'expédition de Saint-Domingue.

2. – Le Tonkin a toujours été le centre politique de l'Indochine. C'est la résidence de l'intelligentsia annamite qui s'efforce de maintenir son gouvernement de fait. C'est ce gouvernement qui donne à la résistance son caractère national. Sans lui il ne s'agirait que de brigandages d'évadés de Poulo Condore. » (lettre autographe de Jean Laurent à Emile Minost, 8 décembre 1945).

Les agences tonkinoises de la banque

sont menacées. Elles sont sollicitées par le gouvernement Viet Minh, par l'armée chinoise. Elles reçoivent également des instructions des autorités françaises basées en Cochinchine. Face à ces menées antagonistes qui ont la banque pour enjeu, Jean Laurent n'a qu'un seul souci, sauver son établissement d'une prise de contrôle par les révolutionnaires vietnamiens en s'assurant le soutien intéressé des autorités chinoises d'occupation, seule force organisée capable de tenir le Viet Minh en respect en cette fin d'année 1945. Le 14 novembre, lorsque l'état-major de l'armée chinoise convoque la mission française et lui fait savoir qu'il réclame au titre des frais d'occupation mensuels 55 millions de piastres, Jean Laurent conseille d'accepter, faisant valoir que « si la Banque de l'Indochine Hanoi *(sic)* et les agences du Nord passent sous contrôle annamite, cela coûtera plus cher à l'économie française que toutes les concessions sur les frais d'occupation », car le Viet Minh s'emparera des stocks de billets et pourra les utiliser pour financer sa résistance. Le général Alessandri, chef de la délégation française à la commission d'armistice présente à Hanoi, partage l'opinion de Laurent et obtient du haut-commissaire de donner instruction à la banque de verser 45 millions de piastres.[...]

Dans les mois qui suivent la fin de la guerre, les responsables de la Banque comprennent que leur attente d'un rétablissement de la souveraineté française au Viet Nam par la force est irréaliste. Les voyages de Jean Laurent, les missives de Paul Gannay leur ouvrent les yeux, et ils reportent leurs espoirs sur une solution négociée qui reconnaisse le droit des Français à demeurer en Indochine. Les archives de la banque n'ont pas conservé de document qui fasse mention de contacts entre les milieux politiques et les dirigeants de la banque à propos de l'élaboration de la politique française en Indochine, mais il y en eut certainement. Il est peu vraisemblable qu'Emile Minost, Jean Laurent et les principaux administrateurs n'aient pas été consultés. Et un homme aussi influent que Jean Laurent ne peut manquer d'avoir fait connaître son opinion aux cercles ministériels. Mais la banque n'est pas en grâce auprès des pouvoirs publics. Elle est dénigrée par la Caisse centrale de la France d'outre-mer, critiquée par les partisans de la transformation du système colonial – qui voient en elle une institution foncièrement conservatrice –, et fait l'objet de pressions de plus en plus vives pourl'abandonne de son privilège. A ce titre, la Banque de l'Indochine n'est pas une interlocutrice recherchée. D'un autre point de vue, la confusion règne dans les sphères dirigeantes à propos de la question indochinoise. Du fait de l'instabilité ministérielle, de la distance entre la colonie et la métropole, du jeu personnel de quelques fortes individualités, il n'existe guère de cohérence dans les démarches entreprises par les autorités françaises en 1945-1946 auprès des divers mandataires du peuple vietnamien. Entre autres exemples, Thierry d'Argenlieu lui-même, premier représentant de l'Etat en Indochine, est laissé dans l'ignorance des intentions réelles du gouvernement français concernant les négociations avec Ho Chi Minh au printemps 1946. Dans cette grande indécision, il ne semble pas que la banque ait pu jouer un rôle propre.

Marc Meuleau,
Des Pionniers en Extrême-Orient. Histoire de la Banque d'Indochine, 1875-1975, Paris, Fayard, 1990

Ho Chi Minh au fil des écrits

Si l'unité de la pensée de Ho Chi Minh est réelle, elle n'est que relative et surtout marquée du sceau du pragmatisme, de la contradiction et de la diversité.

De son inclination initiale pour la démocratie européenne à son adhésion à un léninisme très stalinien, quelque peu maoïsé sur le tard, et à son permanent commerce avec la tradition politique sino-vietnamienne, Ho Chi Minh a toujours utilisé plusieurs registres culturels à la fois. Entre la vision nationaliste de l'histoire et le «communisme réel», il n'y a jamais eu pour lui de contradiction inacceptable.

Chant sur les revendications du Vietnam

Maintenant que la Grande France fête sa [victoire,
Que la félicité se répand dans le peuple,
Que tous sont pleinement joyeux (Que la joie emplit tout le monde)
Comment aurions-nous le cœur de rester [à l'état de domestiques?
En tant qu'hommes, nous devons aimer [notre race et notre patrie,
Nous devons regarder les Européens et [les prendre pour exemples.
Sans doute leurs maisons sont détruites et [leurs biens épuisés,
Que leur importe, ils ont sauvé la nation.
Un tel peuple, qui ne le respecterait?
Le bruit de sa loyauté se répand [durablement dans le monde.
Ce sont des hommes, nous en sommes [aussi.
Eux, ils ont obtenu dix; nous devons aussi obtenir la dizaine, ce sera un vrai succès.
Cette feuille aux larmes de sang traduit [nos sentiments;
Ensemble demandons la liberté,
Unissons nos cœurs! Veuillez nous [comprendre.

Signé : Nguyen Ai Quoc
56, rue Monsieur-le-Prince
Paris VIe

L'avenir de l'Indochine

J'ose affirmer que si le gouvernement français ne changeait pas sa politique dans le pays. [...] le peuple indochinois, notamment les Annamites de l'Annam et du Tonkin, ne manquera pas de recourir à la force brutale pour imposer à l'autorité supérieure l'obligation de changer le mode d'administration en vigueur dans le pays. Je ne souhaite nullement cet événement malheureux. Mais je le prévois. Le sang coulera. Les Annamites mourront, j'en suis certain. [...] Toute évolution a besoin d'une révolution. [...] Si vous comptez toujours sur la sollicitude du gouvernement pour modifier l'état actuel des choses, vous pourrez l'attendre éternellement.

Conversation de Nguyen Ai Quoc avec Phan Chau Trinh, rapportée par l'indicateur Edouard, novembre 1919

Le communisme et l'Asie

Le régime communiste est-il applicable en Asie en général et en Indochine en particulier? Voilà la question qui nous intéresse aujourd'hui.

A cette question, nous pouvons répondre affirmativement. Pour comprendre, il faut examiner historiquement et géographiquement la situation actuelle du continent asiatique.

Ce vaste continent d'une superficie 80 fois plus grande que la France (45 000 000 kilomètres carrés) et d'une population de près de 800 millions d'âmes est d'une composition politique assez complexe.

De toutes les nations asiatiques, le Japon est seul atteint le plus gravement de cette maladie contagieuse qu'est l'impérialisme capitaliste. Depuis la guerre russo-japonaise, le mal se manifeste de plus en plus inquiétant d'abord par l'annexion de la Corée, ensuite par la collaboration à la guerre du «Droit».

Pour l'empêcher de glisser vers l'abîme d'une occidentalisation irrémédiable, c'est-à-dire pour détruire le capitalisme avant qu'il puisse prendre profondément racine dans les îles nippones, un Parti socialiste vient de se former. Comme tous les gouvernements bourgeois, celui du Mikado fait tout ce qu'il peut pour combattre le mouvement. Comme toutes les forces ouvrières, celle du Parti japonais – malgré les répressions gouvernementales – progresse assez rapidement.

Des Congrès ont été interdits dans les villes du Japon, des grèves, des manifestations populaires ont eu lieu.

La Chine, qui a été et est encore le veau d'or du capital européen et américain, vient de se réveiller. L'avènement au pouvoir du révolutionnaire Sun Yat Sen dans le Sud nous promet une Chine réorganisée et prolétarienne. Ce n'est peut-être pas trop exagéré d'espérer que, dans un proche avenir, ces deux sœurs – la Chine nouvelle et la Russie ouvrière – marcheront fraternellement la main dans la main pour le bien de la démocratie et de l'humanité.

Nous arrivons maintenant à l'Asie souffrante.

La pauvre Corée est entre les mains du capitalisme japonais. L'Inde – cette Inde si peuplée et si riche – est asservie aux exploiteurs anglais. Heureusement, la volonté de l'affranchissement électrise tous ces opprimés, et une intense agitation révolutionnaire secoue toutes les âmes hindoues et coréennes. Tous se préparent lentement mais sagement à la lutte suprême et libératrice.

Et l'Indochine! L'Indochine, exploitée par le capitalisme français, sert à enrichir quelques requins! On fait assassiner les

Indochinois dans la boucherie impérialiste pour défendre… ils ne savent quoi. On les empoisonne avec l'alcool et l'opium. On les tient dans l'ignorance (il y a 10 écoles contre 1000 débits officiels de drogue), on invente des complots pour leur faire goûter les bienfaits de la civilisation bourgeoise sur l'échafaud, dans la prison ou dans l'exil!

75000 kilomètres carrés de terre, 20 millions d'habitants livrés à l'exploitation cruelle d'une poignée de forbans coloniaux, telle est l'Indochine actuelle.

Voyons à présent les raisons historiques, qui permettent au communisme de s'acclimater facilement en Asie, plus facilement qu'en Europe.

L'Asiatique – bien que considéré par les Occidentaux comme arriéré – comprend pourtant mieux la nécessité d'une réforme totale de la Société présente. Et voici pourquoi :

Depuis près de 5000 ans, l'empereur Hoang De (2697 av. J.-C.) avait déjà appliqué le système Tinh Dien : il partagea la terre cultivable en traçant deux lignes verticales et horizontales. Cela fit neuf parties égales. Les cultivateurs reçurent chacun un des huit morceaux, celui du milieu fut cultivé communément par tous, et son produit destiné aux travaux de l'utilité publique. Les tracés servirent de canaux d'irrigation.

La dynastie Hia (2205 av. J.-C.), inaugura le travail obligatoire.

Le grand Confucius (551 av. J.-C.), préconisa l'internationale et prêcha l'égalité de fortune. Il dit notamment : la paix mondiale ne vient que d'une République universelle. On ne doit pas craindre d'avoir peu, mais de ne pas avoir également. L'égalité annule la pauvreté, etc. […]

En ce qui concerne la propriété privée, la loi annamite interdit la vente ou l'achat global des terres. De plus, un quart du terrain cultivable est obligatoirement réservé comme bien communal. Tous les trois ans, on partage ce terrain. Chaque habitant de la commune en reçoit une part. Cela n'empêche point quelques-uns de devenir riches, à cause des trois autres quarts qui peuvent se vendre et s'acheter, mais cela peut sauver beaucoup d'autres de tomber dans le paupérisme.

Ce qu'il nous manque, nous croyons de notre devoir de le signaler ici pour que ceux de nos camarades qui ont à cœur de propager le communisme et qui désirent sincèrement aider tous les travailleurs à secouer le joug de l'exploiteur et à entrer dans le foyer commun du prolétariat international, afin qu'ils puissent nous aider efficacement, ce qu'il nous manque pour devenir communistes, ce sont les conditions les plus élémentaires de l'action :

La liberté de la presse;

La liberté de voyage;

La liberté d'enseignement et d'éducation;

La liberté de réunion (tout ceci nous est sauvagement interdit par nos civilisateurs coloniaux).

Le jour où les centaines de millions d'Asiatiques martyrisés et opprimés se réveilleront pour se débarrasser de l'abjecte exploitation de quelques insatiables coloniaux, ils formeront une force colossale et pourront, en supprimant une des conditions d'existence du capitalisme, l'impérialisme, aider leurs frères d'Occident dans la tâche d'émancipation totale.

Nguyen Ai Quoc,
La Revue communiste,
mai 1921

Un phalanstère révolutionnaire : la KUTB vue par Nguyen Ai Quoc en 1924

Cette université compte aujourd'hui 1025 étudiants, dont 151 jeunes filles. [...] Cent cinquante professeurs sont chargés de donner des cours de sciences sociales, de mathématiques, de matérialisme historique, de sciences naturelles, d'histoire des révolutions, d'économie politique, etc. Dans la salle d'études, les jeunes gens de soixante-deux nationalités se coudoient fraternellement. Deux bibliothèques avec 47000 volumes permettent aux jeunes révolutionnaires d'approfondir leurs recherches et d'alimenter leur pensée. Tous ces étudiants ont souffert et ont vu souffrir. Tous ont vécu sous la «civilisation supérieure» et sous l'exploitation et l'oppression du capitalisme étranger. C'est pourquoi tous sont ardents et graves. On peut dire, sans exagération, que l'Université abrite sous son toit l'avenir des peuples coloniaux.

Le Procès de la colonisation française

Appel à l'occasion de la fondation du Parti communiste indochinois

Ouvriers, paysans, soldats, jeunes gens, écoliers!

Compatriotes opprimés et exploités,

Le Parti communiste indochinois est fondé. C'est le parti de la classe ouvrière. Sous sa conduite, le prolétariat dirigera la révolution dans l'intérêt de tous les opprimés et les exploités. Dès maintenant, notre devoir est d'adhérer au parti, de l'aider et de le suivre pour réaliser les mots d'ordre suivants :

1. Renverser l'impérialisme français, la féodalité et la bourgeoisie réactionnaire du Viet Nam,
2. Conquérir l'indépendance complète de l'Indochine,
3. Former le gouvernement des ouvriers, des paysans et des soldats,
4. Confisquer les banques et autres entreprises impérialistes et les placer sous le contrôle du gouvernement des ouvriers, des paysans et des soldats,
5. Confisquer toutes les plantations et autres propriétés des impérialistes et des bourgeois réactionnaires vietnamiens pour les distribuer aux paysans pauvres,
6. Appliquer la journée de travail de huit heures,
7. Abolir les emprunts forcés, la capitation et les taxes iniques qui frappent les pauvres,
8. Réaliser les libertés démocratiques pour les masses,
9. Dispenser l'instruction à tous,
10. Réaliser l'égalité entre l'homme et la femme.

Nguyen Ai Quoc,
18 février 1930

Les massacres en Indochine

Comment ils ont conquis l'Indochine :

... **en les crevant à coups de baïonnette, en leur cassant la tête à coups de crosse.**

Lettre de Pierre LOTI sur la Prise de Hué

Comment ils la gardent :

Des villages entiers bombardés et mitraillés : village Cô-Am de 7.000 habitants complètement détruit par cinq avions volant à basse altitude, jetant 50 bombes de 12 kilos.

Des exécutions abominables et barbares : «Trois coups de gong lugubres. Le bourreau lève à deux mains son sabre. Un éclair fulgurant dans le soleil levant. Un coup mat. **La tête n'est pas tombée.** La main du bourreau a sans doute tremblé. Trois fois encore, le **glaive sanglant s'abat sur le cou qu'il scie.** »

La boucherie écœurante se répète pour le second condamné.

Description pittoresque donnée par *la Tribune Indochinoise* du 28 Mars 1930 (journal à tendance loyaliste)

Le 8 Mai, au lever du jour, à Yenbay, quatre de nos vaillants camarades subirent le même sort. Les 39 autres condamnés attendent aujourd'hui leur tour.

Des arrestations massives. 1.500 arrestations en trois jours !

Déclaration de M. JABOUILLE
Résident supérieur de l'Annam

Ce qu'ils nous apportent :

LA FAIM ! Au Tonkin, un homme a besoin pour sa consommation annuelle moyenne de 337 kilos de riz. Or, il ne dispose que de 221 kilos.
Il lui manque plus d'un tiers du nécessaire.

Étude de M. LAFFERANDERIE
Chef de service de l'Enseignement du Tonkin

LA MISERE ! Salaire journalier d'un coolie indochinois : 4 francs
Durée de la journée de travail : 12 heures.

Rapport de M. DELAMARRE
Inspecteur des Affaires Politiques en Indochine

LA MORT ! Mortalité effrayante des ouvriers dans les enfers des plantations, de 60 o/o à 80 o/o.

Statistiques officielles publiées par l'Indochine
Revue économique de M. PAGES

Il était un temps où le **Peuple de Paris** descendait dans la rue pour protester contre les massacres coloniaux ! Il lui appartient maintenant d'empêcher le meurtre des 39 condamnés de Yenbay dont les dossiers viennent d'arriver à Paris.

Peuple de Paris ! Ouvriers Français !

Ne laissez pas assassiner ceux que pousse à la révolte un régime de famine permanente, de misère organisée et de mort...

LES ÉMIGRÉS INDOCHINOIS DE FRANCE.

Poèmes de prison (1942-1943)

Journal de prison

C'est ton corps qui est en prison ton esprit n'est pas en prison pour mener ta grande entreprise tu dois garder ton moral bon.

Soirée

Au coucher du soleil quand le dîner finit on entend partout monter chants et musique, la prison de Tsing Si, sombre et mélancolique se transforme soudain en noble académie.

Exhortation à l'adresse de soi-même

Sans le froid de l'hiver, sans le deuil et la mort qui verrait le printemps dans sa douce splendeur? Le hasard me remet au creuset du malheur pour me rendre l'esprit solide et le cœur fort.

Le chant du riz pilé

Sous le choc du pilon souffre le grain de riz mais l'épreuve passée, admirez sa blancheur! Pareils sont les humains dans le monde où l'on vit : pour être un homme, il faut le pilon du malheur.

Pas moyen de dormir!

Une veille… une veille… une troisième veille… Pas moyen de dormir… Je me tourne, angoissé… Quatre, cinquième veille… est-ce un rêve? est-ce veille? Cinq branches d'une étoile enroulent mes pensée.

L'air d'un soir

La rose s'ouvre et la rose se fane sans savoir ce que rose fait. Il suffit qu'un rose parfum s'égare dans une maison d'arrêt pour que hurlent au cœur de l'enfermé toutes les injustices du monde.

A la tombée de la nuit

L'oiseau las sous le bois regagne son abri. Lentement un nuage erre au ciel solitaire. Une fille au village écrase son maïs tandis qu'un feu rougeoie en sa rouge lumière.

Jeu d'échec

L'équilibre au départ rend l'issue incertaine. La victoire finit par pencher d'un côté. Bien préparer tes coups, garde ton plan secret et tu mériteras d'être un grand capitaine.

L'histoire de notre nation

L'occasion nous est favorable,
Soulevons-nous, récupérons la terre de
[nos ancêtres.
Ils sont peu nous sommes beaucoup,
Le peuple uni dans un seul cœur aura la
[victoire!
J'en appelle aux fils de Dragons et petits-
[fils d'immortels!
Vite unissez-vous durablement.
Hommes et femmes, pauvres et riches,
Vieux et jeunes, qu'importe, unissez-vous.
Les uns apporteront leur force, les autres
[leur argent,
Ensemble nous reprendrons notre
[souveraineté.
D'abord pour la nation puis pour la
[famille,
Voilà le grand dessin, voilà le mérite et la
[gloire.
Notre ligue vietminh est là,
capable de conduire notre lutte.
L'entreprise achevée,
Le nom Nam Viet brillera du même éclat
[que le nom Lac Hong.
Que notre peuple se rappelle le mot unité :
Unité de sentiments, unité de force, unité
de courage, unité de serment!

1941

Le combat du tigre et de l'éléphant

Oui, nous allons devoir nous battre. Les Français ont signé un traité et ils agitent des drapeaux. Mais tout cela n'est que mascarade. [...]

– Vous n'avez pas d'armes, pas d'armes modernes. [...]

– On peut se les procurer, s'il le faut. [...] Et vous semblez négliger des exemples récents de ce que peuvent faire des bandes dépenaillées contre les troupes modernes. Auriez-vous déjà oublié l'héroïsme des partisans yougoslaves contre les Allemands? L'esprit de l'homme est plus puissant que ses propres machines... Ce sera une

guerre entre un tigre et un éléphant. Si jamais le tigre s'arrête, l'éléphant le transpercera de ses puissantes défenses. Seulement le tigre ne s'arrêtera pas. Il se tapit dans la jungle pendant le jour pour ne sortir que la nuit. Il s'élancera sur l'éléphant et lui arrachera le dos par grands lambeaux puis il disparaîtra à nouveau dans la jungle obscure. Et, lentement, l'éléphant mourra d'épuisement et d'hémorragie. Voilà ce que sera la guerre en Indochine.

Interview de Ho Chi Minh par David Schoenbrun en octobre 1946

Points «à faire» et «ne pas faire»

La nation repose sur le peuple.

Pour la résistance et la reconstruction nationales, les forces essentielles résident en le peuple. Aussi, dans leurs rapports ou leur vie commune avec le peuplc, tous les combattants de l'armée, tous les cadres, qu'ils travaillent dans les organes du gouvernement ou dans les organisations populaires, doivent se rappeler et mettre en pratique ces douze points :

Six points «à ne pas faire»

1. Ne rien faire qui puisse endommager les jardins, terrains, cultures de la population; ne point salir, ni endommager ses maisons et ses meubles,

2. ne pas trop insister pour acheter ou emprunter ce que les gens ne veulent ni vendre, ni prêter,

3. ne pas apporter des volailles vivantes chez nos compatriotes montagnards,

4. ne jamais manquer à notre parole,
5. ne pas porter atteinte aux croyances ou coutumes populaires : ne pas se coucher devant l'autel des ancêtres, ne pas mettre les pieds sur le foyer, ne pas jouer de la musique dans la maison, etc.,
6. ne rien faire, ne rien dire qui puisse faire croire aux habitants que nous les méprisons.

Six points «à faire»

1. Aider effectivement la population dans ses travaux quotidiens (moisson, ramassage du bois de chauffage, corvée d'eau, raccommodage…),
2. selon ses moyens, faire les achats pour les gens habitant loin du marché (leur acheter : couteaux, sel, aiguilles, fil, plumes, papier…),
3. aux heures de loisir, raconter des anecdotes gaies, simples, et utiles pour la résistance, sans toutefois trahir les secrets de la défense nationale,
4. enseigner l'alphabet et les notions d'hygiène courante,
5. étudier les coutumes régionales afin de bien les comprendre, d'abord pour gagner la sympathie des habitants, ensuite pour leur expliquer, peu à peu, pourquoi il convient d'être moins superstitieux,
6. faire sentir à la population que nous sommes sérieux, travailleurs, disciplinés.

5 avril 1948

Eduquer

Il n'est pas dit que n'importe qui soit capable de faire le travail d'éducation. Pour former des forgerons ou des ajusteurs, l'éducateur doit être lui-même versé dans le métier de forgeron ou d'ajusteur. L'éducateur dans les organisations populaires doit être lui-même un modèle à tous les points de vue : idéologie, moralité, méthode de travail.

L'éducateur doit apprendre toujours davantage pour pouvoir assurer sa tâche.

Lénine nous a exhorté à : «apprendre, apprendre encore, apprendre toujours». Chacun de nous doit se rappeler ce conseil et le mettre en application, l'éducateur plus que quiconque. L'éducateur qui prétend tout savoir est le dernier des ignorants. Le mot d'ordre : «S'instruire, s'instruire encore, enseigner, enseigner encore» affiché dans la salle de réunion, vient de Confucius. Confucius était un féodal et dans sa doctrine, il y a bien des choses qui ne sont pas justes, mais nous pouvons faire notre profit des bons enseignements qu'elle renferme. «Il n'y a que les révolutionnaires authentiques qui sachent profiter du précieux savoir légué par les générations passées», ainsi que nous l'a enseigné Lénine.

3 mai 1950

Pour le compromis à Genève

Quand on entre en négociation, on doit se faire des concessions réciproques raisonnables. Dans le passé nous disions : chasser et anéantir jusqu'au bout le corps expéditionnaire français; à présent, dans la négociation, nous avons réclamé, et les Français ont accepté le retrait de leur armée à une date déterminée. Auparavant, l'Union française n'existait pas pour nous; maintenant nous acceptons de mettre sur le tapis la question de notre participation éventuelle à l'Union française sur le principe de l'égalité et du libre consentement. Auparavant, nous nous proposions d'anéantir l'armée et le pouvoir fantoches en vue de l'unité nationale; maintenant nous mettons en avant une mesure généreuse : la réunification nationale par la voie des élections générales dans l'ensemble du pays.

Pour rétablir la paix, il faut mettre fin à la guerre, ce qu'on obtient par le cessez-le-feu. Afin d'arriver à ce dernier résultat, il importe de délimiter les zones : l'armée ennemie doit se regrouper dans une zone en vue de son retrait progressif, la nôtre doit se rassembler dans une autre. Il nous faut une vaste région réunissant les conditions nécessaires à l'édification, à la consolidation et au développement de nos forces et dont l'influence sur les autres régions amènera la réunification nationale. Délimiter les zones de regroupement des forces ne veut pas dire diviser le pays, c'est là une mesure provisoire pour arriver à réunifier la patrie. Quand il sera procédé à la délimitation et à l'échange des zones de regroupement, nos compatriotes habitant des régions jusqu'ici libres, et que l'ennemi viendra occuper provisoirement, auront des sujets de mécontentement, certains verront la chose en noir, ils se désespéreront et pourraient se laisser exploiter par nos adversaires. Nous devrons leur faire bien comprendre que, dans l'intérêt du pays tout entier, dans l'intérêt durable, il faut savoir provisoirement endurer le présent.

15 juillet 1954.

Appel à la nation

Dernièrement, les agresseurs américains ont franchi un nouvel échelon très grave de leur escalade. Ils ont attaqué la périphérie de Hanoi et de Haiphong. C'est un acte de désespoir, le soubresaut d'un fauve mortellement blessé.

Que Johnson et ses acolytes se le disent : ils peuvent faire venir 500000 hommes, un million, ou même davantage pour intensifier la guerre d'agression au Sud Viet Nam; ils peuvent utiliser des milliers d'avions pour multiplier les attaques contre le Nord, jamais ils ne pourront ébranler notre volonté de fer de combattre l'agression américaine, pour le salut national. Plus ils se montrent agressifs, plus ils aggravent leur crime. La guerre pourra encore durer cinq ans, dix ans, vingt ans ou davantage, Hanoi, Haiphong ainsi qu'un certain nombre d'autres villes et d'entreprises pourront être détruites, le peuple vietnamien ne se laissera pas intimider. *Il n'est rien de plus précieux que l'indépendance et la liberté.* Après la victoire notre peuple reconstruira le pays en mieux, en plus grand et plus beau.

17 juillet 1966

La version originale du testament de Ho Chi Minh

Il y a eu quatre versions successives du testament de Ho Chi Minh. La version initiale que l'on trouvera ci-dessous, rédigée le 15 mai 1965, a été réorganisée après sa mort par le Bureau politique qui a fait passer en préambule des fragments des versions antérieures consacrées à la guerre en cours. Le testament devient ainsi un outil politique. Surtout le passage où Ho Chi Minh, demandant à être incinéré, a été supprimé, mise au mausolée oblige…

République démocratique du Viet Nam

Indépendance, Liberté, Bonheur

(*Confidentiel*)

En fêtant mes soixante-quinze ans

Tou Fou, le grand poète bien connu de l'époque Tang en Chine, a écrit : «De tout temps, rares sont ceux qui atteignent soixante-dix ans».

Cette année, j'ai soixante-quinze ans. J'ai l'esprit lucide et je suis en bonne santé. Cependant, je fais déjà partie de ces gens «de tout temps rares».

Qui peut prédire combien de mois, combien d'années je vivrai encore et pourrai encore servir la Patrie, servir la révolution?

C'est pourquoi je laisse ces quelques lignes parlant succinctement de quelques affaires en prévision du jour où j'irai rejoindre les vénérables K. Marx, V. I. Lénine, et nos autres aînés révolutionnaires; de cette façon, nos compatriotes dans tout le pays, les camarades du Parti n'en seront pas surpris.

Je parlerai tout d'abord du Parti – Grâce à son union étroite, à son dévouement total à la classe ouvrière, au peuple et à la Patrie, notre Parti depuis sa fondation a pu unir, organiser, diriger notre peuple, l'amener à lutter avec ardeur et le conduire de victoire en victoire.

L'union est une tradition extrêmement précieuse de notre Parti et de notre peuple. Que tous les camarades, du Comité central aux cellules de base, préservent l'union et l'unité du Parti comme la prunelle de leurs yeux.

Au sein du Parti, réaliser une large démocratie, pratiquer régulièrement et de façon sérieuse *l'autocritique et la critique* constituent le meilleur moyen pour consolider et développer son union et son unité. Il importe qu'une affection fraternelle lie tous les camarades entre eux.

Nous sommes un parti au pouvoir. Chaque membre du Parti, chaque cadre doit s'imprégner profondément de la *moralité révolutionnaire,* véritablement faire preuve d'application, d'économie, d'intégrité, de droiture, d'un dévouement total à la chose publique et d'un désintéressement absolu. Il faut garder au Parti sa parfaite pureté et se rendre digne de son rôle dirigeant, de serviteur vraiment fidèle du peuple.

Les membres de la Jeunesse

travailleuse et nos jeunes en général sont d'excellente nature, ardents à s'engager pour toutes les tâches; ils ne craignent point les difficultés, aspirent sans cesse au progrès. Notre Parti doit prendre à cœur de leur inculquer *une moralité révolutionnaire élevée,* d'en faire les continuateurs à la fois «rouges» et «experts» de l'édification socialiste.

Former et éduquer les générations révolutionnaires à venir est une tâche extrêmement importante et absolument nécessaire.

Notre peuple travailleur dans les plaines comme dans les régions montagneuses, a enduré depuis des siècles bien des misères; il a subi l'exploitation et l'oppression féodales et coloniales, il a en outre connu de nombreuses années de guerre.

Cependant notre peuple a toujours fait preuve d'un héroïsme, d'un courage, d'un enthousiasme et d'une application au travail remarquables. Il a toujours suivi notre Parti depuis sa fondation et lui est toujours resté fidèle.

Le Parti doit mettre sur pied un bon plan pour développer l'économie et la culture, en vue d'*élever* sans cesse *le niveau de vie du peuple.*

La résistance à l'agression américaine peut durer encore quelques années. Nos compatriotes peuvent encore avoir à consentir de nombreux sacrifices en biens, en vies humaines. Quoi qu'il en soit, nous devons être résolus à combattre l'agresseur américain jusqu'à la victoire totale.

Nos fleuves, nos monts, nos hommes [toujours resteront,
Le Yankee battu, nous bâtirons le pays [dix fois plus beau!

Quelles que soient les difficultés et privations, notre peuple vaincra immanquablement. Les impérialistes américains devront sans faute déguerpir.

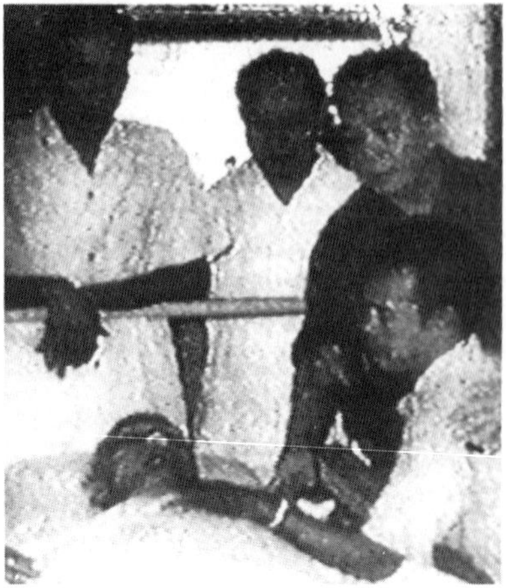

Notre Patrie sera certainement réunifiée. Nos compatriotes du Nord et du Sud seront certainement réunis sous le même toit. Notre pays aura l'insigne honneur d'être une petite nation qui, par un combat héroïque, aura vaincu deux grands impérialismes – l'impérialisme français et l'impérialisme américain – et apporté une digne contribution au mouvement de libération nationale.

A propos du mouvement communiste mondial – Ayant consacré toute ma vie au service de la révolution, plus j'éprouve de fierté à voir grandir le mouvement communiste et ouvrier international, plus je souffre de la mésentente actuelle entre les partis frères!

Je souhaite que notre Parti œuvre de toutes ses forces et contribue de façon efficace au rétablissement de l'union entre les partis frères sur la base du marxisme-léninisme et de l'internationalisme prolétarien, selon les exigences de la raison et du cœur.

Je suis fermement convaincu que les partis frères et les pays frères s'uniront nécessairement à nouveau.

En ce qui me concerne personnellement – Après ma mort, il faut éviter d'organiser de grandes funérailles pour ne pas gaspiller l'argent et le temps du peuple.

Je demande que mon corps soit *incinéré*. J'espère que l'incinération se généralisera peu à peu. Car pour les vivants, cette pratique est bonne au point de vue hygiénique et permettra en plus d'économiser la terre. Quand nous aurons de l'électricité en abondance, nous pourrons pratiquer «l'électro-crémation» et ce sera encore mieux.

Vous enterrerez *mes cendres* sur une colline. Il paraît qu'il y en a de très bonnes près de Tam Dao et Ba Vi. Au-dessus de la tombe, il convient de construire une maison bien simple, vaste, solide et aérée, comme lieu de repos pour les visiteurs.

Il faut avoir un plan de *plantation d'arbres* sur la colline. Chaque visiteur plantera un arbre en guise de souvenir. Il faudra prendre soin de chaque arbre planté pour qu'il pousse bien. Avec le temps, les arbres formeront une forêt qui rendra le paysage plus beau et profitera à l'*agriculture.*

Si je viens à mourir avant la réunification du pays, il faudra envoyer une partie de mes cendres *aux compatriotes du Sud.*

En dernier lieu, à tout notre peuple, à tout notre Parti, à toutes nos forces armées, à mes neveux et nièces, les jeunes et les petits enfants, je lègue mon affection sans bornes.

J'adresse également mon salut fraternel aux camarades, aux amis, aux jeunes et aux petits enfants de tous les pays.

Mon ultime souhait est que tout notre Parti, tout notre peuple s'unissent étroitement et fassent tous leurs efforts pour édifier un Viet Nam pacifique, réunifié, indépendant, démocratique et prospère et contribuer dignement à la révolution mondiale…

En présence du Premier Secrétaire
du Comité central
Le Duan
Hanoi, le 15 mai 1965
Ho Chi Minh

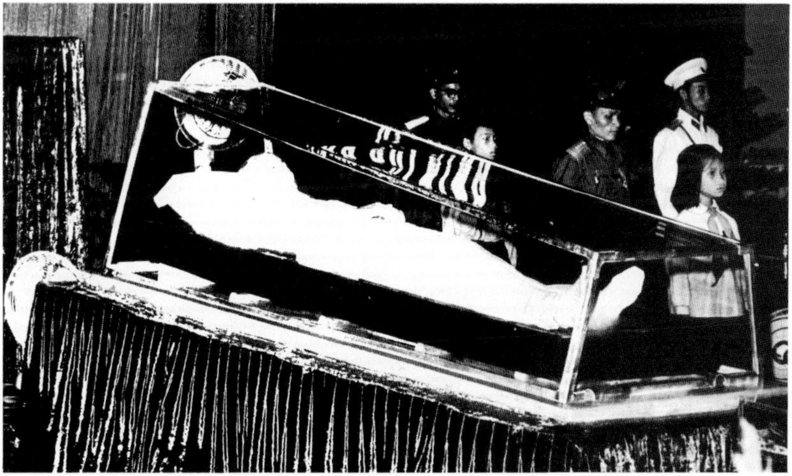

Le bagne de Poulo Condore

Révoltes, pagaille, prévarication, brutalités ont fait la réputation de ces «plombs» de l'Indochine quand y arrivent, entre 1930 et 1934, des centaines de nationalistes et de communistes. Ces derniers, très organisés, transforment le bagne en une université communiste, et mèneront de dures grèves de la faim.

La plupart des prisonniers politiques seront libérés par l'amnistie du Front populaire en 1936, mais en 1939-1940, le bagne s'emplit à nouveau. Ces photos des années 1920 montrent l'entrée du bagne et la vie quotidienne des captifs.

ILES POULO-CONDORE. - Rotiniers dans le Bagne

ILES POULO-CONDORE. - Groupe de bagnards

ILES POULO-CONDORE. - Les Recluses dans leur Jardin

3. - POULO-CONDORE. - La Fête du Têt chez les Bagnards

Indochine rêvée, Indochine vécue

Les douceurs de la vie coloniale, dans le souvenir; les témoignages, très tôt déjà, sur les prémisses de la révolution; la plongée dans la guerre; la réflexion, au moment de l'adieu, sur le mythe de l'oncle Ho : Duras, Malraux, Bodard, Sainteny…

La «douceur de vivre» à Hanoi

A Hanoi ou à Haiphong, comme à Saigon, la grande affaire des Européens nouvellement débarqués est l'emménagement dans une maison «de fonction» ou en location, conçue pour ne point trop désorienter, et le choix d'un *train de maison* approprié à la place que l'on a dans la société coloniale. C'est d'abord l'engagement d'une domesticité généralement pléthorique… Pour ce faire on se fie à son intuition en tenant compte, plus ou moins, des conseils des anciens. Il est admis que seuls les Chinois font de bons cuisiniers et les Malais de bons cochers, que les catholiques sont à éviter, etc. et aussi que l'on ne dépasse pas le montant habituel des gages revenant aux uns et aux autres.

Reste posée à tous, grands bourgeois ou petits fonctionnaires, la question du *bon ton* à utiliser avec la demi-douzaine de serviteurs qui composent la «boyerie». Entre ceux qui les voient comme de «grands enfants» à éduquer et ceux qui considèrent que la rigueur assortie de châtiments corporels doit être la règle, chacun cherche la bonne réponse. Toutefois, la plupart se lassent vite de ces tracas domestiques et abdiquent leurs prérogatives en échange d'un service attentionné.

Le *bep* règne en maître absolu sur la cuisine et supporte mal les ingérences. Aussi «confiez-lui quelques vague ustensiles devant un fourneau élémentaire et fermez les yeux sur les entrechats de l'anse du panier. A cette condition, vous vivrez en paix du côté alimentaire, ni mieux ni plus mal que tout le monde». L'*amah,* toujours chinoise, a de son côté la responsabilité des enfants et ne la partage pas. On s'accorde à reconnaître que toutes l'exercent avec une conscience et une

vigilance jamais en défaut. Mais il faut s'accommoder de leurs recettes et des méthodes d'éducation première qui se plient à tous les caprices des bambins... Et ne pas être surpris qu'ils deviennent insupportables!

Les autres se partagent les tâches plus obscures : *saïs* (cocher), boy blanchisseur, coolie-xé (tireur de pousse), coolie-jardinier. Enfin, dernier de la liste, le *becon* «mousse du navire domestique, souffre-douleur, écopeur de corvées»...

Libérés des soucis domestiques, monsieur vaque à ses affaires et madame meuble son oisiveté.

En 1885, Hanoi eut son premier transport public : un tramway traîné par trois mules qui assurait trois liaisons quotidiennes dans chaque sens entre la concession et la citadelle. Il était réservé exclusivement aux fonctionnaires et aux militaires. Les autres allaient à pied ou à cheval... Il n'y avait alors que deux voitures attelées : le *malabar* de l'évêque, Mgr Puginier, et la calèche en osier ayant appartenu au commandant Rivière. Dix ans plus tard, on ne compte plus les victorias et phaétons.

Pour les déplacements courants, le véhicule idéal et économique est le pousse-pousse. Le résident Bonnal avait importé les deux premiers *rickshaws* du Japon. Bientôt, il y en eut six, tant demandés qu'il fallait s'inscrire la veille pour en disposer le temps d'une course au tarif de 15 cents (0,60 franc) l'heure ou la journée entière pour une piastre (4 francs). Puis un commis des douanes venu de Cochinchine créa la première entreprise de location et les notabilités tinrent à avoir leur propre pousse-pousse «de maître» qui valait 50 piastres...

Après le déjeuner, on s'abandonne au plaisir de la sieste. Certains la prolongent et on ira jusqu'à écrire que parfois «elle commence dès 9 heures du matin pour ne prendre fin qu'au déclin du jour»...

En 1891, les journaux agitent la question de savoir s'il convient de maintenir ou de supprimer «les trois heures de repos au milieu de la journée». Puis, en 1900, c'est le docteur Courtois qui la condamne, car «on en sort abruti, et rien n'est plus contraire à la santé» et «elle contribue pour une large part à l'inappétence et à tous les troubles successifs [...] entraîne promptement la déchéance des fonctions intellectuelles et physique».

Il ajoute, toutefois, que pendant les heures chaudes, il est sage «de s'étendre chez soi sur une chaise longue, tout en se livrant à une lecture distrayante, journal ou roman» ou, mieux encore, «de ramer si on habite au bord d'un fleuve [...] sans aller jusqu'à la fatigue» et en tenant compte «de l'obligation de rester à l'ombre chez soi, de 10 heures du matin à 4 heures de l'après-midi entre mai et novembre»! Certes «l'Européen aura à déployer une énergie véritable pour résister à la sieste, mais, assure-t-il, au bout de peu de temps, il restera vainqueur».

A 18 heures, on commence à organiser sa soirée devant une absinthe ou deux. En 1900, il s'agit essentiellement de se montrer où il faut être vu et y faire bonne figure. Mais cette vie nocturne a son revers : «Pour beaucoup le bien-être est factice, la vie n'est large qu'à l'extérieur. Tous veulent paraître, satisfaire aux exigences de la vie mondaine, aller au théâtre, aux courses, être de tous les bals, avoir les plus jolis costumes, recevoir dans un salon coquet. La table s'en ressent : la maîtresse de maison ne s'en occupe pas. Le mari va au café ou au cercle. Les notes restent en souffrance chez les fournisseurs, chose facile dans ce pays où l'on ne paie pas comptant. Le système des bons incite à de plus grosses dépenses.»

En effet, les produits importés sont chers. Le vin y tient une place importante (2300000 francs en 1888) et est vendu à Haiphong 33 à 40 piastres (132 à 160 francs) la barrique de vin de table, 45 à 70 piastres (180 à 280 francs) pour le vin supérieur : «Ils supportent merveilleusement la traversée à condition d'être mis en bouteilles, sinon il faut augmenter artificiellement leur degré alcoolique.» Leur consommation est médicalement recommandée, mais «étendus d'eau minérale de Vals ou de Bussang». Le lait concentré vient de Suisse ou d'Angleterre et le lait naturel de Normandie, la farine d'Amérique ou d'Australie, les conserves et la bière de France, la quincaillerie d'Allemagne, etc. A cela s'ajoutent produits de luxe, tissus, parfums, bijoux auxquels on ne résiste guère...

Aussi, l'endettement de la population européenne prend-il des proportions alarmantes, et un journal s'en fait l'écho :

«Sur 156 patentés on prend les commerçants au hasard. A un marchand de vins est dû 120000 piastres, à un seul pharmacien plus de 100000, un hôtel important a 200000 piastres de créances, un tailleur 100000, un libraire 25000 [...] Certains s'arrogent le droit de ne pas payer les épiciers chinois.[...] On arrive au total global de 350000 piastres dues par moins de 500 individus, soit 700 piastres pour chacun [...] et ils gagnent 150 piastres par mois. Le crédit tue le commerce. Il tue aussi des hommes. Des suicides récents le prouvent.»

Charles Meyer,
La Vie quotidienne en Indochine, 1860-1910, Hachette, 1985

Une enfance indochinoise

Il y avait cette espèce de plaine qui était encore assez élevée, une sorte de plateau et au nord il y avait la chaîne de l'Eléphant, et au sud c'était cette espèce de pays où il n'y avait plus de village, plus d'habitation, un pays d'eau, de marais. Avec, en bordure de mer, les forêts de palétuviers, qui étaient seules à émerger sur des centaines d'hectares à la saison des hautes eaux. Et c'est quand même l'enfance, enfin, pour moi c'est ça, ce sont ces années passées là avec mon jeune frère, celui qui s'appelle Joseph dans le livre. J'avais deux frères. Le premier, on a été peu ensemble étant enfants : comme ma mère ne pouvait pas nous élever tous les trois après la mort de mon père, l'aîné était resté en France pour faire – je me souviens – une école d'électricité. Elle avait gardé les deux petits avec elle. Vous comprenez, elle était tellement en proie au désespoir, c'était tellement abominable ce qu'elle vivait, qu'elle était occupée par ce désespoir et que nous étions d'une liberté totale, je n'ai jamais vu des enfants aussi libres que nous, que nous sur les terres du barrage, mon frère et moi. Elle n'avait pas le temps de s'occuper de nous, elle ne pensait plus à ses enfants, je crois, alors on se sauvait, on restait partis des journées entières, pas dans les arbres (*rires*) mais dans la forêt et sur les rivières, sur les racs, ce qu'on appelle les racs, ces petits torrents qui descendent vers la mer. On chassait. Ça fait des enfances très différentes de celles d'ici. On était plus des Vietnamiens, vous voyez, que des Français. C'est ça que je découvre maintenant, c'est que c'était faux, cette appartenance à la race française, à la, pardon, à la nationalité française. Nous, on parlait le vietnamien, comme des petits Vietnamiens, on ne mettait jamais de souliers, on vivait à moitié nus, on se baignait dans la rivière, ma mère, elle, bien sûr non, elle n'a jamais parlé le vietnamien, elle n'a jamais pu l'apprendre, c'est très difficile. J'ai passé mon bac avec le vietnamien. En somme, un jour, j'ai appris que j'étais française, voyez... ma mère nous répétait souvent : «Vous qui êtes Français», etc. Un jour, elle est allée à Saigon, elle a ramené des pommes reinettes, je ne sais pas comment on les appelle, ces pommes rouges?

M. P. :Je ne sais pas.

M. D. :Et elle nous a forcés à en manger. On ne pouvait pas les avaler, on disait que c'était du coton, que ça ne se mangeait pas, on ne pouvait pas manger de la nourriture française. J'ai fait une sorte d'anorexie quand j'avais dix ans, à Pnom Penh, on me forçait à manger des biftecks, je vomissais les biftecks; on était de là-bas, de la brousse, vraiment. Oh, ça doit se produire souvent : vous êtes dans un milieu, dans un espace donné, vous êtes né dans le milieu, vous parlez le langage du milieu, etc. – les premiers jeux étaient des jeux d'enfants vietnamiens, avec des enfants vietnamiens – et puis on vous apprend que vous n'êtes pas Vietnamien, et qu'il faut cesser de voir des petits Vietnamiens parce que c'est pas des Français et qu'il faut mettre des souliers, qu'il faut manger des steaks-frites et puis pas se conduire aussi mal, quoi. C'est très tard que je me suis aperçue de ça, peut-être maintenant, voyez-vous.

Marguerite Duras, Michelle Porte,
Les Lieux de Marguerite Duras,
Editions de Minuit

Indochine du souvenir

Quinze ans et demi. C'est la traversée du fleuve. Quand je rentre à Saigon, je suis en voyage, surtout quand je prends le car. Et ce matin-là j'ai pris le car à Sadec où ma mère dirige l'école des filles. C'est la fin des vacances scolaires, je ne sais plus lesquelles. Je suis allée les passer dans la petite maison de fonction de ma mère. Et ce jour-là je reviens à Saigon, au pensionnat. Le car pour indigènes est parti de la place du marché de Sadec. Comme d'habitude ma mère m'a accompagnée et elle m'a confiée au chauffeur, toujours elle me confie aux chauffeurs des cars de Saigon, pour le cas d'un accident, d'un incendie, d'un viol, d'une attaque de pirates, d'une panne mortelle du bac. Comme d'habitude le chauffeur m'a mise près de lui à l'avant, à la place réservée aux voyageurs blancs. [...]

C'est pendant la traversée d'un bras du Mékong sur le bac qui est entre Vinh Long et Sadec dans la grande plaine de boue et de riz du sud de la Cochinchine, celle des Oiseaux.

Je descends du car. Je vais au bastingage. Je regarde le fleuve. Ma mère me dit quelquefois que jamais, de ma vie entière, je ne reverrai des fleuves aussi beaux que ceux-là, le Mékong et ses bras qui descendent vers les océans, ces territoires d'eau qui vont aller disparaître dans les cavités des océans. Dans la platitude à perte de vue, ces fleuves, ils vont vite, ils versent comme si la terre penchait. [...]

C'est une des longues avenues de

Vinh Long qui se termine sur le Mékong. C'est une avenue toujours déserte le soir. Ce soir-là comme presque chaque soir il y a une panne d'électricité. Tout commence par là. Dès que j'atteins l'avenue, que le portail est refermé derrière moi, survient la panne de lumière. Je cours. Je cours parce que j'ai peur de l'obscurité. Je cours de plus en plus vite. Et tout à coup je crois entendre une autre course derrière moi. Et tout à coup je suis sûre que derrière moi quelqu'un court dans mon sillage. Tout en courant je me retourne et je vois. C'est une très grande femme, très maigre, maigre comme la mort et qui rit et qui court. Elle est pieds nus, elle court après moi pour me rattraper. Je la reconnais, c'est la folle du poste, la folle de Vinh Long. Pour la première fois je l'entends, elle parle la nuit, le jour elle dort, et souvent là dans cette avenue, devant le jardin. Elle court en criant dans une langue que je ne connais pas. La peur est telle que je ne peux pas appeler. Je dois avoir huit ans. J'entends son rire hurlant et ses cris de joie, c'est sûr qu'elle doit s'amuser de moi. Le souvenir est celui d'une peur centrale. Dire que cette peur dépasse mon entendement, ma force, c'est peu dire. Ce que l'on peut avancer, c'est le souvenir de cette certitude de l'être tout entier, à savoir que si la femme me touche, même légèrement, de la main, je passerai à mon tour dans un état bien pire que celui de la mort, l'état de la folie. J'ai atteint le jardin des voisins, la maison, j'ai monté les marches et je suis tombée dans l'entrée. Je suis plusieurs jours ensuite sans pouvoir raconter du tout ce qui m'est arrivé. [...]

Marguerite Duras,
L'Amant,
Editions de Minuit

Prémisses d'une révolution : les révoltés des années vingt

Vinh, Trinh, Pho, Hin, Minh... A mon appel, les voici qui avancent, comme dans la parade nocturne évoquée par le poème allemand, qui, à son tour, fait surgir mon grand-père assis dans un fauteuil de peluche multicolore, moi sur ses genoux, attentive à ces morts français ressuscités grâce à des mots allemands, «au cours de la nuit, vers la douzième heure, le tambour abandonne sa tombe [...] et marche de long en large».

Vinh, Trinh, Pho, Hin, Minh, comment pourrais-je ne pas m'arrêter auprès de vous au moment d'aborder, dans ce presque rêve qu'est l'écriture, le domaine où nous nous sommes rencontrés? Sous quelle forme, en ces jours lointains, pouviez-vous aimer votre pays? En réalité, je ne le sais pas. Mais nous avons longtemps cru que vous souhaitiez partager le destin de la France, d'une France que représentaient bien mal ceux que vous voyiez autour de vous. Comme nous vous avons mal aidés! Mêlant trop souvent nos intérêts aux vôtres dans une sorte d'enfantillage frénétique. Et pourtant, à lutter auprès de vous, même si ce fut pour nous, nous avons beaucoup appris. Ne serait-ce qu'à vous aimer. Vous tous qui fûtes nos amis, vivants et morts d'aujourd'hui dont je ne soupçonnais pas combien il leur serait facile de devenir des héros, laissez-moi vous rendre hommage avant de parler de l'infime expérience que nous avons connue ensemble.

Phan Chau Trinh, que j'ai plus aperçu que vu, déjà tout entouré de la gloire de celui qui paya cher ses convictions. Il était originaire de la province de Nghe An, celle où est né aussi Ho Chi Minh dont Trinh fut le maître, celle où naquirent presque tous les grands révoltés et aussi ce beau poème mi-épique mi-lyrique : *Kim Van Kieu.*

Avant la guerre déjà, Trinh, dans une lettre à la fois pleine de dignité et d'insolence, adressée au gouverneur général Beau, avait réclamé plus de justice. Ce libelle avait été suivi d'une randonnée à l'intérieur du pays pour tenter de libérer la masse paysanne et de l'intéresser au développement de son économie. Enfin, comble d'impudence, ce lettré mandarin avait ouvert pour les siens une école de type moderne. Pouvait-on faire moins après cela que de le condamner à mort? Cependant, grâce à la répression exercée sur les juges par la Ligue des droits de l'homme, ceux-ci changèrent d'avis et se contentèrent d'envoyer Trinh en déportation, à Poulo Condor. Le temps aidant, il fut gracié mais exilé. Et comme il faut bien vivre, il s'installa photographe à Paris et prit comme retoucheur un certain Nguyen Ai Quoc, homme des plus adroits qui faisait aussi de la peinture sur porcelaine. Plus tard, ce Nguyen Ai Quoc changea son nom pour celui de Ho Chi Minh.

Nguyen Phan Long : la trentaine dépassée, fondateur avec Bui Quang Chieu du parti constitutionnaliste, premier parti indigène reconnu par les Français, autodidacte, ancien commis de douane, puis instituteur, puis directeur du meilleur journal annamite, *la Tribune indigène;* il s'exprimait en un français très pur bien qu'un peu conventionnel. [...] Ses revendications portèrent surtout sur l'instruction donnée aux siens. Il savait de quoi il parlait. Aussi cet homme, physiquement et moralement assez souple, était-il rigoureux en certains domaines – ceux qu'il connaissait. Ce qui me semble rare et appréciable. Il mit un moment son espoir dans la France, pays de la Révolution, puis comprit que ce n'était pas à la France qu'il se heurtait mais aux plus sordides intérêts de certains Français.

Il y avait aussi Vinh, plus jeune, sans doute de notre âge. J'ignore quel était son passé, mais je sais qu'il avait été élevé par une mère veuve et institutrice, tyrannique comme il convenait qu'elle fût, et qui l'avait contraint – cela aussi était régulier mais ne plaisait guère au jeune homme – à épouser une fillette adoptée par elle. La vie entière de Vinh n'était que révolte et soumission alternées : il avait choisi de travailler avec nous mais il redoutait les colères maternelles qui, au fond, lui semblaient justifiées; il aspirait à la liberté, quittait le domicile maternel et conjugal, auprès d'une jeune femme que j'aperçus, douce, timide et jolie mais il arriva un jour à l'imprimerie prêt à tout abandonner parce que sa mère s'était couchée – au sens littéral du mot – en travers de son chemin.

Il y avait aussi Hin, un montagnard du centre de l'Annam, râblé, bas sur pattes, brun, dur, violent, avec cette absence de finesse physique caractéristique souvent des féodaux. Son oncle, qui l'avait élevé, était l'un des piliers du trône de Hué, c'est-à-dire l'un des quatre principaux ministres de l'empereur. Bien entendu il avait maudit ce neveu qui aspirait trop brutalement à une dignité vraie. Hin avait alors quitté la cour. Quand nous l'avons connu il n'était qu'un étudiant démuni, qui voulait servir les siens mais ne savait comment. Le Tchen de *la Condition humaine* lui doit beaucoup. [...]

A la fois mêlé aux autres et un peu à l'écart, jeune et tout chargé de promesses qu'il tint, Nguyen An Ninh. Il s'était rendu en France avec Werth quelques mois plus tôt. A la fin de 1925 il revint à Saigon par le même bateau que Phan Chu Trinh. *La Cloche fêlée,* dont il était

le directeur, suspendu tout le temps de son absence, reparut très vite après son retour.

«Ce qui nous met le plus dans l'embarras, écrivit-il un jour, c'est de trouver un solide héritage culturel.» Vous l'aviez, cet héritage, Nguyen An Minh, et notre plus grande honte est de vous l'avoir, volontairement ou involontairement, dissimulé tant que dura notre présence collective. De tout mon cœur, je souhaite que vous ayez connu ce glorieux et solide héritage avant de mourir, car vous êtes mort aujourd'hui, je le sais. Reste à savoir sous les coups de qui disparurent votre intelligence, votre jeunesse, votre courage, votre goût du sacrifice, votre noblesse souriante et si souvent, à juste titre, indignée.

Sur eux tous, et aussi sur nous trois, les Européens du groupe, planait l'ombre du grand Phan Boi Chau, vivant et déjà légendaire – mais dont ni André ni moi n'avions entendu parler jusque-là.

Au cours de la nuit, vers le douzième heure
Le tambour abandonne sa tombe
Et marche de long en large.

Clara Malraux,
Nos Vingt ans,
Grasset, 1986

L'Indochine enchaînée

Que l'Indochine soit une chasse gardée, et jalousement gardée par son gouverneur actuel, au seul profit de ses amis, cela serait d'un intérêt modéré si les lapins n'étaient pas les Annamites. Il serait trop long de reprendre toutes les affaires dans lesquelles cette vérité a été tristement démontrée. Qu'il nous suffise de rappeler une affaire qui fit récemment quelque bruit.

Les amis de M. Cognacq avaient jeté leur dévolu sur un vaste espace de rizières défriché par de pauvres paysans. La mise en vente de ces rizières fut décidée. Et le cahier des charges de l'adjudication porta cette clause effarante que les lots d'une superficie supérieure à cinq cents hectares – presque tous – pourraient être réunis en un seul.

C'était permettre au consortium, seul assez riche pour couvrir les enchères d'un grand nombre de lots réunis, d'acheter sans concurrence possible la totalité des rizières. A la suite de notre campagne, M. Eutrope, ami du gouverneur, fut envoyé à Ca-mau. Et la vente eut lieu, mais 4876 hectares furent réservés alors que 117 seulement devaient l'être.

Cette affaire, d'ailleurs, est plus odieuse encore qu'elle ne le semble. Quelques éclaircissements vous sembleront peut-être utiles. Nous tenons à votre disposition plus de cinquante plaintes formelles, précises, signées. Nous en avions reçu soixante-dix-sept, mais nous en avons envoyé plus de vingt en France.

Le gouverneur de la Cochinchine, dans un pays qui n'a pas de goût pour la politique, n'a jamais cessé d'en faire. Nous précisons : il n'a cessé d'intervenir avec violence dans toutes les élections et dans les actes de la vie publique où l'impartialité eût été son devoir. Il a créé parmi les Français une sorte de division qui les oppose les uns aux autres. Enfin, il est parvenu à se faire détester de toute l'élite annamite. Ne vous y trompez pas, Monsieur le Gouverneur général, si beaucoup de ceux qui vous rendent honneur aujourd'hui le font avec passion, c'est qu'ils voient en vous celui qui les délivrera peut-être.

Cette élite formée par les Annamites titulaires de diplômes français, il l'appelle la «fausse élite»; où donc est la vraie, en Cochinchine? Parmi les quelques lettrés de la civilisation chinoise qui nous haïssent? Parmi les boys auxquels il a donné de belles médailles? Je sais qu'une élite plus haute que celle que créent les diplômes existe. Mais les sentiments de cette élite à l'égard du gouverneur, il est préférable de n'en point parler.

C'est par cette élite universitaire, et par elle seule, que la France peut continuer en Indochine, à l'heure où les difficultés commencent, par un gouvernement stable. Le peuple, passif encore, ne bouge pas, mais nous déteste en tant qu'étrangers. C'est le mouvement que lui donneront les diplômés et les naturalisés, intermédiaires naturels, qui le fera rester dans sa passivité ou se dresser contre nous.

Le gouverneur Cognacq, nous le répétons, a fait à ce pays autant de mal qu'une guerre. L'hostilité qu'ont déterminée chez les indigènes sa violence et sa brutalité, commence à toucher tous les Français.

Puisque aujourd'hui, tous les journaux qu'il paye et tous les chefs d'une cérémonie de réception qui fut organisée à coups de menaces vont chanter ses louanges, nous voulons qu'une voix au moins dise la vérité, à vous, Monsieur le Gouverneur général, qui avez assumé le rôle noble et triste de montrer à la France sa tâche pour ne pas avoir à ne lui montrer bientôt qu'un grand paysage de ruines.

André Malraux,
L'Indochine enchaînée

La guerre/les guerres

La dernière nuit de la guerre

La paix est imminente : ce sera celle de l'humiliation.

Un drapeau rouge, marqué en son centre de l'étoile communiste, flotte au bout d'une longue perche. Il commande la route par où un convoi de journalistes roule vers Trunggia; car c'est là que doit se tenir une conférence de paix qui double celle de Genève.

En principe, le lieu de rencontre a été fixé dans un no man's land. Mais ce pavillon vietminh, le premier que je vois, prouve que nous entrons dans le fief de l'ennemi : les Français négocient en vaincus chez leurs vainqueurs.

En dessous de l'étendard, une demi-douzaine de soldats d'Ho Chi Minh, petits et laids, engoncés dans des vêtements trop grands, ne paraissent pas nous voir. Leurs corps sont absorbés par des uniformes verdâtres, tout neufs, sans un insigne. Leurs figures disparaissent sous des casques de bambou tressé, encore recouverts de feuillages – pour le camouflage. De ces êtres, je n'aperçois que des bouts de visage qui n'expriment rien, sans trace de sentiments humains;

ils ont l'impersonnalité des volontaires de la mort.

Soudain ces hommes, braquant sur nous leurs mitraillettes, scrutent nos laissez-passer. Ils le font sans un mot ou un geste. Rien ne marque le mépris ni le triomphe; ils se bornent enfin à lever une barrière pour nous laisser passer.

Quelques mètres plus loin, des gendarmes français, particulièrement bien portants, montrent de bonnes figures rondes, des cuirs, tout un équipement. Les journalistes se demandent avec malaise comment des colosses de peau aussi blanche et aussi bien nourris peuvent avoir été battus par des gringalets jaunes, désespérément pauvres. Sur la route crevée par les cratères de mines, ces gendarmes sont le symbole de la nouvelle impuissance française.

Pourtant, l'on se bat encore.
La guerre a continué, même après Dien Bien Phu, même après que la scène internationale eut été dressée à Genève pour les négociations de paix.
Des divisions vietminh sorties de la jungle se jettent sur le delta. Les Français évacuent, se recroquevillent, se rassemblent autour de la route d'Hanoi à Haiphong. Le général Cogny montre, sur les immenses cartes de son état-major, le territoire qui reste encore aux Français : «Ça a la forme d'un sexe vérolé», dit-il. De furieux et obscurs combats se déroulent toujours. Son adjoint, le général Vanuxem, jette ses groupes mobiles, ses chars, ses derniers bataillons, dans des contre-attaques acharnées. On remporte encore quelques victoires. On tient, mais la masse ennemie est infinie, elle s'infiltre toujours davantage.

Les Français combattent bravement, même après avoir perdu la foi.
Dien Bien Phu avait été pour tout le Corps Expéditionnaire le symbole suprême : ce devait être un tournoi qui désignerait le vainqueur. Mais, après la catastrophe prévisible et pourtant incroyable, les soldats éprouvent le dégoût d'eux-mêmes. En quelques heures la troupe est devenue morne. Par la chaleur de l'été tonkinois, les officiers et les hommes font encore les gestes nécessaires pour contenir l'ennemi qui déferle. Mais ce n'est plus que par discipline. Huit années durant, la mort avait été le grand snobisme du Corps Expéditionnaire – il était de bon ton de se faire tuer avec mépris et désinvolture. Soudain, elle fait peur. Le bon sens triomphe, chacun veut vivre, compte les jours et les heures avant la paix prochaine. J'entends prononcer des phrases prosaïques, qui auraient déshonoré leur auteur auparavant, comme : «Ce serait trop bête de se faire trouer la peau maintenant.»

Les Français qui acceptaient la mort la plus inutile, du temps de l'épopée, n'en veulent plus, au cours de cette fin misérable de la guerre d'Indochine.
Et pourtant, ils sont humiliés de leur soulagement devant la paix.

Les Viets ne se posent pas ces questions. Même dans l'ultime semaine, ils continuent à se faire décimer en masse. Leurs corps s'accumulent en grappes dans les barbelés des postes. Les volontaires de la mort se font sauter sur les blockhaus avec leur charge de plastique. Cela ne sert à rien puisque déjà tout est réglé à Genève. Mais Giap en a donné l'ordre, les commissaires politiques l'ont prescrit, c'est pour le bien du peuple.

Enfin arrive le dernier jour de la guerre : le 26 juillet 1954. L'armistice commence le lendemain à 8 heures.

Je parcours en jeep la voie sacrée du Tonkin, la grande artère de Hanoi à

Haiphong. C'est la route de la guerre perdue. La chaussée n'est faite que de décombres. L'on roule parmi les taches innombrables et suspectes laissées par les embuscades passées, au milieu d'une terre brûlée, calcinée. Des caillasses bouchent les coupures en «touches de piano», ou remplissent les trous de mines. Toutes sortes de débris, des carcasses de camions, les masses des locomotives renversées sur la voie ferrée voisine, ont été poussées sur les bas-côtés, parmi les ruines des maisons. Plus loin, les villages, ces plaques de verdure posées sur l'eau des rizières, flambent.

La population a disparu, signe que les Vietminh sont tout proches. L'on ne voit que l'étalage vain de la puissance militaire française. De kilomètre en kilomètre, se succèdent des postes en béton, de batteries en train de tirer, des tanks aux aguets. Mais ce déploiement de forces ne rassure pas, parce que les visages de soldats sont empreints de peur. En Indochine, j'ai trop appris à connaître toutes les marques de l'anxiété. Et, sous les casques, ces traits tirés, ces yeux fixes, signifient que l'ennemi est à côté, en masse, caché dans les restes des hameaux, dans les bosquets de bambou, dans la boue des rizières, à quelques mètres peut-être. [...]

Lucien Bodard,
La Guerre d'Indochine,
tome 1, *L'Enlisement,*
Gallimard, 1963

L'adieu

Hanoi, 9 septembre 1969, huit heures du matin. Les funérailles de Ho Chi Minh viennent de prendre fin. La foule, silencieuse et grave, s'écoule par les avenues, reflue lentement vers ses faubourgs et ses villages, semblable à la décrue, qui, au même moment, libère le Delta des eaux du Fleuve Rouge.

Sagement alignée, dès avant les premières lueurs de l'aube, sur la place Ba Dinh, ou rassemblée aux carrefours, à proximité des haut-parleurs, elle a écouté, dans un silence recueilli, l'oraison funèbre de celui qu'elle avait pu croire immortel. C'est Le Duan, premier secrétaire du Lao Dong, ou Parti des Travailleurs, qui a lu d'une voix appliquée, qu'altérait l'émotion, ce texte, rédigé avec piété par l'ensemble de ses collègues.

Ensuite ce furent les hymnes patriotique (*Internationale* comprise), exécutés par une clique dont les uniformes blancs, immaculés, n'avaient rien à envier à la plus militariste des nations. Quand on vint à l'*Hymne au leader,* l'émotion populaire se donna cours; la foule, qui, jusque-là, n'avait rompu le silence que pour reprendre en chœur les serments lancés par Le Duan au nom du défunt (et qui presque tous concernaient la réunification du Vietnam), accompagna et prolongea de ses sanglots ce morceau composé en l'honneur de son vénéré guide et qui clôturait la cérémonie.

Cérémonie à grand spectacle, dans le plus pur style des démocraties populaires, mais d'une brièveté inaccoutumée (trente-cinq minutes) pour répondre au vœu de Ho Chi Minh qui, dans son testament, avait demandé que ne fussent gaspillés ni le temps ni l'argent du peuple.

C'est aussi quand éclatèrent les premiers accents de l'*Hymne au leader* qu'on vit Pham Van Dong, à la tribune, «craquer» brusquement. De violents sanglots secouaient le chef de l'exécutif du Nord Vietnam, qui perdait avec Ho Chi Minh, non seulement un compagnon de lutte, mais un maître à penser, un chef, un père, dans le sillage et à l'abri duquel il portait depuis si longtemps le poids des affaires.

Outre les représentants des divers partis communistes du monde, une trentaine de délégations étrangères assistaient, sous l'implacable soleil de cette fin d'été tonkinois, à ces funérailles. Je conduisais celle de la France, seule nation occidentale qui fût présente.

La veille, lorsque était venu notre tour de défiler devant le cercueil de verre où reposait la frêle dépouille du vieux lutteur, nous avions ajouté à la mer de fleurs, qui recouvrait tous les fauteuils de la grande salle de conférence du palais Ba Dinh, une imposante couronne, pour marquer l'estime que la France portait à son ancien adversaire, en même temps que sa résolution d'oublier le passé et de se tourner délibérément vers l'avenir. La noble simplicité du cérémonial, respecté par tous, la gravité des accents de la marche funèbre, qui rythmait la progression des délégations vers le podium, ne pouvaient laisser insensible, et, lorsqu'à mon tour je m'inclinai devant le cercueil, je ne pus me garder moi-même d'une émotion, qui m'accompagna jusque dans la voiture du ministre des Finances de la République démocratique du Vietnam, qui me reconduisait à la Maison de France. Et pourtant!...

S'il en avait été besoin, la vue d'un arbre, plus grêle, plus jeune que les autres, dans l'avenue Trang Tri, que nous suivions, m'aurait arraché à ma mélancolie. C'est un passé sanglant qui resurgissait. je revoyais cette avenue, plongée dans l'obscurité soudaine qui venait d'envahir la ville; je revoyais l'automitrailleuse, dans laquelle je me rendais à la Citadelle où m'attendait le général Morlière; je la *sentais* sous moi, vacillante et désemparée par la mine sur laquelle elle venait de sauter. Enflammée, criblée de grenades, elle s'écrasait sur le bas-côté de l'avenue, abattant les arbres, défonçant la devanture des magasins et jetant pêle-mêle mes compagnons et moi, torches vivantes, sur le trottoir de Pho Trang Tri, bientôt couvert de sang et de flammes.

Cela se passait vingt-trois ans plus tôt, le 19 décembre 1946. Pho Trang Tri s'appelait encore avenue Borgnis Desbordes.

Jean Sainteny,
Face à Ho Chi Minh,
Seghers, 1970.

La Guerre d'Indochine (1946-1954)

1946
19 décembre Début de la bataille de Hanoi.
1947
17 février Création à Nankin du Front d'union nationale du Vietnam, par Nguyen Tuong Tam et Nguyen Hai Than.
5 mars E. Bollaert nommé haut-commissaire en remplacement de l'amiral d'Argenlieu.
12 mars Exposé de la doctrine du *containment* par le président Truman.
15-22 mars Le Congrès nationaliste de Canton lance un appel à Bao Dai.
19 avril Offre de cessez-le-feu et de négociations du gouvernement Ho Chi Minh.
12 mai Echec de la rencontre Ho Chi Minh-Paul Mus.
19 juillet Remaniement du gouvernement de la RDV.
15 août Discours décevant du haut-commissaire Bollaert à Ha Dong.
Septembre Série d'articles de Truong Chinh dans *Su That*, «La résistance vaincra».
18 septembre Bao Dai propose son arbitrage sur la base de l'indépendance dans l'unité.
7 octobre Débuts de l'opération Léa au Viet Bac. Réoccupation par le CEFEO des axes Cao Bang-Lang Son-Mon Cai, Cao Bang-Bac Can-Thai Nguyen-Hanoi, de Tuyen Quang, Yen Bai, Lao Cai, Ha Giang et Lai Chau.
6 décembre Première rencontre Bollaert-Bao Dai en baie d'Along.
1948
25 mai Formation sous l'égide de Bao Dai du gouvernement central provisoire du général Nguyen Van Xuan.
1er juin Ho Chi Minh lance le premier mouvement d'émulation patriotique.
5 juin Accord de la baie d'Along signé par Bao Dai : la France accepte le principe de l'indépendance et de l'unité d'un Vietnam «Etat associé» dans le cadre de l'Union Française mais conserve, par un protocole secret, un large contrôle sur le futur Etat.
1er juillet Ho Chi Minh lance la campagne de liquidation de l'analphabétisme.
20 octobre L. Pignon remplace Bollaert.
1949
8 mars Accords, Bao Dai-Auriol : reconnaissance de l'indépendance du Vietnam Etat associé, maintien de l'Union douanière indochinoise, obligation de la mise en concordance de la diplomatie vietnamienne avec celle de Paris.
Avril Pour la première fois, le Viet Minh met en ligne deux régiments.
28 avril Bao Dai s'installe à Dalat.
2 juillet Création officielle de l'Etat du Vietnam.
25 août Formation de la brigade 308 près de Thai Nguyen.
Décembre L'Armée populaire chinoise parvient à la frontière indochinoise.
1950
18 janvier La Chine populaire reconnaît la RDV.
30 janvier L'URSS reconnaît la RDV.
4 février Les Etats-Unis et la Grande-Bretagne reconnaissent le régime de Bao Dai. Une mission militaire américaine s'installe à Saigon.
Début de l'année Arrivée d'une mission d'experts chinois, dirigée par Luo Gui Bo, auprès de la RDV.
19 mars La flotte américaine fait escale à Saigon.
Mai Formation de la division 304 près de Thanh Hoa, remise en état du réseau routier au Viet Bac (au printemps 1953, plus de 4000 kilomètres seront utilisables par les camions Molotova).
8 mai Washington annonce une aide financière et militaire à l'effort de guerre français en Indochine.
25 juin Guerre de Corée.
29 juin Conférence des Etats associés à Pau.
30 juin Premières livraisons de matériel américain aux troupes de l'Union française.
Septembre à novembre Grave défaite française dans la bataille de la frontière (Dong Khe : 16 septembre, Cao Bang : 3-10 octobre, Lang Son : 18 octobre), évacuation de Hou Binh (4 novembre).
9 décembre De Lattre de Tassigny Haut-Commissaire et commandant en chef.
1951
13-17 janvier Echec de l'offensive de l'Armée de libération (ALV) sur Vinh Yen, premier emploi du napalm.
21 janvier-3 février IIe Congrès du Parti, formation du Parti des travailleurs (Lao Dong).
19 février Fusion du Lien Viet et du Viet Minh dans le Front de la patrie.
Mars-avril Echec des offensives Viet Minh sur Mao Khe et sur le Day.
Septembre Voyage de De Lattre aux Etats-Unis et accords franco-américains sur l'aide américaine à la France.
Octobre Demi-échec de l'offensive Viet Minh sur Nghia Lo en pays thai, achèvement du chemin de fer sino-vietnamien Nan Ning-Nam Quan.
10 novembre Reprise de Hoa Binh par le CEFEO

1952
11 janvier Mort de De Lattre.
Février Evacuation de Hoa Binh par les troupes françaises.
Mars Le général Nguyen Van Vinh nommé chef d'état-major de l'armée vietnamienne.
Avril Le général Salan commandant en chef, Letourneau haut-commissaire.
Mai Début des cours politiques *chinh huan.*
Octobre Offensive vietminh en pays thai et chute de Nghia Lo.
Novembre Opération Lorraine et installation de la base de Na San.
1953
Janvier Nouvelle orientation de la politique agraire de la RDV.
2 mars Décret prévoyant le classement de la population rurale en cinq catégories sociales.
12 avril Décret confirmant les mesures agraires antérieures, notamment le partage de terres communales et des biens des collaborateurs.
Avril Prise de Sam Nena par l'ALV et poussée vietnamienne au Laos en direction de la plaine des Jarres et de Luang Prabang.
Mai Le général Navarre commandant en chef.
28 juin Gouvernement Laniel.
Eté Formation d'une coalition nationaliste antibaodaiste à l'initiative de Ngo Dinh Diem. Elle revendique l'indépendance totale.
3 juillet Dejean commissaire général en Indochine.
17-20 juillet Opération parachutiste sur Lang Son, repli réussi.
27 juillet Armistice en Corée.
Août Evacuation de Na San par le CEFEO.
15 octobre Opération Mouette au Thanh Hoa.
17 novembre L'état-major français décide la création de la base aéroterrestre de Dien Bien Phu.
20-21 novembre Opération Castor : la cuvette de Dien Bien Phu est occupée par les 5000 parachutistes du colonel Gilles.
26 novembre Interview de Ho Chi Minh au journal suédois *Expressen.*
4 décembre Promulgation de la loi agraire par la RDV (partage des biens des propriétaires fonciers entre les paysans pauvres, création de comités et de tribunaux de la réforme).
Décembre L'ALV s'empare de Lai Chau, puis, à la fin du mois, de Tha Khet, d'Attopeu et du plateau des Boloven au Laos.
1954
18 février Annonce de la Conférence de Genève.
13 mars Début de la bataille de Dien Bien Phu.
28 mars Le dernier avion se pose sur l'aérodrome du camp retranché.
7 mai Chute de Dien Bien Phu.
8 mai A Genève, ouverture de la Conférence sur l'Indochine.
3 juin Le général Ely nommé haut-commissaire et commandant en chef.
4 juin Traités franco-vietnamiens «d'indépendance et d'association».
12 juin Chute du gouvernement Laniel.
16 juin Bao Dai nomme Ngo Dinh Diem premier ministre.
17 juin Gouvernement Mendès France.
23 juin-3 juillet Opération Auvergne : repli des forces françaises du sud du delta du Fleuve Rouge sur l'axe Hanoi-Haiphong.
3-5 juillet Ho Chi Minh renconte Zhu En-lai secrètement à Liuzhu (Chine du Sud) et accepte la division temporaire du Vietnam.
24-28 juin Bataille et évacuation d'An Khe sur les hauts plateaux.
29 juin Evacuation de Nam Dinh.
20 juillet Accords de Genève.
10 octobre Entrée de l'ALV dans Hanoi.
24 octobre Le président Eisenhower autorise une aide directe au Vietnam du Sud.
27 octobre Lettre d'Eisenhower à Ngo Diem l'assurant de son soutien inconditionnel.

BIBLIOGRAPHIE

Ouvrages généraux

- Lê Thanh Khoi, *Histoire du Vietnam des origines à 1858*, Paris, 1981.
- Mus P., *Vietnam. Sociologie d'une guerre*, Paris, 1952.

Biographies de Ho Chi Minh

- Boudarel G., *Ho Chi Minh*, in Fisher G., *Hommes d'Etat d'Asie*, Paris, 1980.
- Brocheux P., *Ho Chi Minh*, Paris, 2000.
- Duiker W. J., *Ho Chi Minh. A Life*, New York, 2000.
- Hémery D., «Jeunesse d'un colonisé, genèse d'un exil. Ho Chi Minh avant 1911», in *Approches - Asie*, n° 11, décembre 1992.
- Lacouture J., *Ho Chi Minh*, Paris, 1967.

Ouvrages particuliers

- Boudarel G., *Cent fleurs écloses dans la nuit du Viêt Nam*, Jacques Bertoin, Paris, 1991.
- Brocheux P., *Histoire de l'Asie du Sud-Est. Révolte, réformes, révolutions*, Presses Universitaires, Lille, 1981; *The Mekong Delta, 1860-1960*, Madison, 1995.
- Brocheux P. et Hémery D., *Indochine, la colonisation ambiguë, 1858-1954*, La Découverte, seconde édition, Paris, 2001.
- Cesari L., *L'Indochine en guerre, 1945-1993*, Armand Colin, Paris, 1995.
- Devillers P., *Paris-Saigon-Hanoi, les archives de la guerre, 1944-1947*, Julliard, Paris, 1988; *Français et Annamites. Partenaires ou ennemis, 1856-1902*, Denoël, Paris, 1998.
- Fall B., *Le Viêt Minh. La République Démocratique du Vietnam*, FNDSP, Paris, 1960.
- Fourniau C., *Annam - Tonkin, 1885-1995. Lettrés et paysans face à la conquête française*, L'Harmattan, Paris, 1989.
- Gosha C., *Thailand and the Southeastasian Networks of the Vietnamese Revolution (1885-1954)*, Richmond, 1999.
- Gras Y. (général), *Histoire de la guerre d'Indochine*, Fayard, Paris, 1992.
- Hémery D., *Révolutionnaires vietnamiens et pouvoir colonial en Indochine (1932-1937)*, Maspero, Paris, 1975; «Le Projet indochinois de la France au lendemain de la Seconde Guerre mondiale», in *Décolonisations européennes*, Aix-en-Provence, 1995.
- Langlet P., *La Tradition vietnamienne : un Etat national au sein de la civilisation chinoise*, Saigon, 1970.
- Marr D., *Vietnam 1945. The Quest for Power*, University of California Press, Berkeley, 1995.
- Meuleau M., *Des pionniers en Extrême-Orient. Histoire de la Banque d'Indochine, 1875-1975*, Fayard, Paris, 1990.
- Nguyen Duc Nhuan, *Le Vietnam post-révolutionnaire (1975-1985)*, L'Harmattan, 1987.
- Nguyen Thê Anh, *Monarchie et fait colonial au Vietnam (1875-1925),* L'Harmattan, Paris, 1992.
- Nguyen Van Ky, *La Société vietnamienne face à la modernité*, L'Harmattan, Paris, 1995.
- Papin P., *Histoire de Hanoi*, Fayard, Paris, 2001.
- Tonnesson S., *The Vietnamese Revolution of 1945. Roosevelt, Ho Chi Minh and De Gaulle in a World at War*, Oslo/Londres, 1991.
- De Tréglodé B., *Héros et révolution au Viêt Nam*, L'Harmattan, Paris, 2001.

TABLE DES ILLUSTRATIONS

CHAPITRE II

CHAPITRE III

CHAPITRE IV

CHAPITRE V

CHAPITRE VI

TÉMOIGNAGES ET DOCUMENTS

INDEX

A

B-C-D

E-F-G

H-I-J-K-L

M-N-O-P

Q-R-S-T-U

V-W-Y-Z

CRÉDITS PHOTOGRAPHIQUES

Agence vietnamienne d'Information, Hanoi, 1er plat, 23bd, 27h, 47h, 47b, 48, 49h, 49b, 50b, 51b, 75, 78h, 79d, 83b, 94h, 100/101, 103, 107, 107b, 118, 119g, 129, 131, 132, 140/141, 158, 159h, 159b, 160, 161, 164, 165. A.P.N., Paris 61, 139. Archives d'Outre-Mer, Aix-en-Provence 9, 17b, 19h, 25, 30, 31h, 31b, 32, 33h, 33b, 34d, 35h, 40g, 42b, 43b, 55h, 60hd, 62, 63h, 64/65, 65m, 65b, 66b, 70h, 72d, 73, 77d, 96d, 101d, 110bd, 111d, 130, 144, 157, 177. Bibl. nat., Paris 24b. Gilles Caron, Paris 124g. J.-L. Charmet, Paris 13, 22, 13, 13h. Coll. Albert Kahn, Boulogne 1, 2/3, 4/5, 6/7, 26b, 55b, 81b. Coll. de la Banque Indosuez, Paris 58h, 58b, 59h, 59b, 152. Coll. D. Hemery 68h, 70b, 133. Coll. Jean-Claude Martinez 34g, 164/167. Coll. part., Paris 11. Coll. Sirot/Angel, Paris 10, 26h, 56/57, 60hg. Dagli-Orti, Paris 84/85. Droits réservés 12b, 27b, 40d, 42h, 45b, 53, 60b, 66h, 69, 78b, 80b, 88h, 88/89b, 89, 90b, 95b, 96g, 98h, 108, 114h, 117, 126h, 128, 142, 145, 147. Edimedia, Paris 63b, 74, 80h, 111g, 115, 124d. Edimedia/J. L'Hoir, Paris 86, 87. Explorer Archives, Paris 72g. Gamma/Bell 125h. Giraudon/Lauros, Paris 24h, 92d. Keystone, Paris 97, 98b, 148. Magnum/Abbas, Paris 126/127. Magnum/R. Burri 121h. Magnum/D. Camus 102, 113b. Magnum/Burt Glinn 120h, 122h. Musée de l'Armée, Paris 18/19. Musée des Beaux-Arts, Hanoi 39, 99. Musée d'Histoire, Hanoi 90/91. Musée d'Histoire contemporaine, Paris 106b. Musée de la Révolution 36h, 37, 68b, 78g, 82, 104h, 109b. Photothèque Perrin/D.R. et G. Capon par ADAGP 52. Réunion des Musées nationaux, Paris 16/17. Marc Riboud, Paris 85h, 116, 119d, 120/121b, 122/123b, 123d, 127h. Roger Viollet, Paris 35b, 36b, 41h, 43h, 44h, 44b, 45h, 50h, 67, 76/77, 95h, 105, 110bg, 120bg, 135/136, 170, 171, 172, 174. Roger Viollet/Boyer 54. Roger Viollet/Harlingue 23bg, 41b, 46, 51h, 106h. Roger Viollet/Lapi 93d. Roger Viollet/Lipnitzki 92b. Roger Viollet/ND 38. Roger Viollet/Rikli 104b, 112h. Sipa-Press/Ludwig, Paris 125b. SIRPA-ECPA, Ivry-sur-Seine 109h, 110h, 112bg, 114b, 180. Tallandier/J. Lavaud, Paris 12h, 14/15h, 14/15b. Tapabor/Kharbine, Paris 20, 21h, 21b, 23h, 71.

REMERCIEMENTS

Nous remercions les personnes et les organismes suivants pour l'aide qu'ils ont apportée à la réalisation de cet ouvrage :
Les Archives d'Outre-Mer d'Aix-en-Provence, en particulier Monsieur Maurel, archiviste en chef, François Bordes, Sylvie Clair, Dominique Taffin, archivistes, Lucette Vachier, Bernadette Ménager, documentalistes;Serge Dubuisson et Christian Bourgeois, du service photographique des Archives, qui ont réalisé une partie importante des clichés; Nicole Celestin, responsable de la photothèque; Christiane Rageau, bibliothécaire du Musée de l'Homme; la librairie Michèle Dhennequin, Monsieur Jean-Claude Martinez; et, à Hanoi, l'Agence de presse vietnamienne.
L'auteur remercie également Pierre Brocheux et Philippe Langlet, ainsi que Ngo Van et Nguyen Van Ky.

EDITION ET FABRICATION

DÉCOUVERTES GALLIMARD
COLLECTION CONÇUE PAR Pierre Marchand. DIRECTION Elisabeth de Farcy.
COORDINATION ÉDITORIALE Anne Lemaire. GRAPHISME Alain Gouessant.
COORDINATION ICONOGRAPHIQUE Isabelle de Latour.
SUIVI DE PRODUCTION Natércia Pauty.
SUIVI DE PARTENARIAT Madeleine Giai-Levra.
RESPONSABLE COMMUNICATION ET PRESSE Valérie Tolstoï. PRESSE David Ducreux.

HO CHI MINH, DE L'INDOCHINE AU VIETNAM
ÉDITION Elisabeth de Farcy.
ICONOGRAPHIE Any-Claude Médioni.
MAQUETTE Alain Gouessant.

Table des matières